ellermann

Christian Dreller wurde 1963 in Neumünster geboren, studierte Slavistik und Geschichte und arbeitete in Kinder- und Comicbuchverlagen. Seit 2005 ist er unter anderem als Übersetzer, Autor und Lektor tätig.

Katrin Oertel, 1979 geboren, hat ihr Studium an der Fachhochschule für Design in Münster mit dem Schwerpunkt Bücher zu gestalten und zu illustrieren, erfolgreich abgeschlossen. Seit 2006 arbeitet sie als selbstständige Illustratorin, Grafikerin und Autorin für nationale und internationale Verlage. An ihrem Arbeitsplatz, in einem kleinen, inspirierenden Fachwerkhäuschen am Rande von Münster, entstehen ihre fröhlichen, witzigen und manchmal frechen Arbeiten. Sie lebt dort zusammen mit ihrem Mann und ihrem Hund.

ellermann im Dressler Verlag GmbH · Hamburg
© Dressler Verlag GmbH, Hamburg 2014
Alle Rechte vorbehalten
Einband und farbige Illustrationen von Katrin Oertel
Druck und Bindung: Offizin Andersen Nexö, Leipzig
Printed 2014
ISBN 978-3-7707-2375-1

www.ellermann.de

Christian Dreller

Haben Elefanten wirklich Angst vor Mäusen?

Vorlesegeschichten zu den lustigsten Alltagsirrtümern
Bilder von Katrin Oertel

ellermann im Dressler Verlag GmbH · Hamburg

Inhalt

Die Punkte der Marienkäfer verraten ihr Alter	7
Lesen bei schwachem Licht schadet den Augen	13
Die Erde ist eine Kugel	19
Raben sind schlechte Eltern	25
Wikinger trugen Helme mit Hörnern	31
Schokoweihnachtsmänner werden zu Osterhasen umgeschmolzen	37
Ein verschlucktes Kaugummi verklebt den Magen	43
Ohrenkneifer krabbeln in die Ohren	49
Die größten Pyramiden gibt es in Ägypten	55
Pommes sind ungesund	61

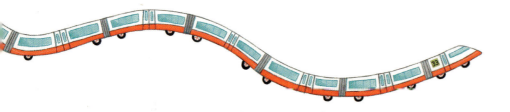

Stiere werden wütend, wenn sie Rot sehen	66
Piraten hatten eine Totenkopfflagge	72
Bakterien sind ungesund	78
Ketchup kommt aus Amerika	84
Elefanten haben Angst vor Mäusen	90
Beim Schielen können die Augen stehen bleiben	96
Indianer hatten schon immer Pferde	101
Regenwürmer lieben Regen	107
Der Weltraum ist leer	113
Bienen können nur ein Mal stechen	119

Die Punkte der Marienkäfer verraten ihr Alter

»Hier ist die Kohle, Papa«, sagt Tim. Mit einem lauten Schnaufer lässt er die große XXL-Packung mit Grillbriketts auf den Holztisch vor dem Gartenhäuschen plumpsen. Dann wischt er sich mit dem Unterarm erst einmal den Schweiß von der Stirn. Der Weg vom Parkplatz zu ihrem Schrebergarten ist ganz schön lang, vor allem, wenn man so schwer zu schleppen hat und die Sonne so heiß vom Himmel brennt wie heute.

»Super, danke«, murmelt Papa, ohne aufzusehen. Verbissen kratzt er mit einem Spachtel weiter an dem dreckigen Rost ihres Grills herum.

Interessiert schaut Tim ihm dabei zu. »Am besten macht man ihn immer gleich nach dem Grillen sauber«, sagt er.

»Toller Tipp«, seufzt Papa. »Das hilft jetzt richtig weiter. Sag mal, wo sind eigentlich Mama und Ronja? Die müssten doch Scheuerschwämme dabeihaben?«

»Die kommen gleich. Die haben noch die Arslans getroffen und gucken sich deren neue Gartenhütte an«, erwidert Tim.

Wenig später tauchen Mama und seine Schwester Ronja mit Kühlbox und Einkaufstaschen beladen an der Gartenpforte auf. Gemeinsam packen sie alles aus, und Papa bekommt endlich seine heiß ersehnten Scheuerschwämme. Danach gibt es für alle erst einmal herrlich kühle Apfelsaftschorle.

Das heißt, für fast alle. Gerade als sich Mama zum Schluss selbst was einschenken will, lässt sie plötzlich den leeren Becher sinken und reißt die Augen auf. »O nein!«, flüstert sie und zeigt mit dem Finger auf eine Stelle neben dem Grill.

Erschrocken folgen alle Mamas Zeigefinger zu einem Spalier mit leuchtend roten Kletterrosen. Die sind Mamas Ein und Alles. Auf den ersten Blick scheint alles in Ordnung zu sein. Doch als sie genauer hinschauen, entdecken sie lauter schwarze Punkte auf den Blüten und Blättern. Einige Stellen glänzen auch ganz komisch.

»So ein Mist, das sind Läuse«, sagt Mama und stöhnt. »Die machen mir meine schönen Rosen kaputt.«

Neugierig gehen Papa, Tim und Ronja näher heran, um sich die Läuse genauer anzusehen. Vorsichtig stupst Tim mit dem Finger gegen eines der glänzenden Blätter. »Bäh«, sagt er und verzieht das Gesicht. »Das klebt. Ist ja eklig.«

»Klarer Fall. Da hilft nur Gift!«, meint Papa. »Ich fahre gleich mal in den Baumarkt. Und dann mache ich meinen neuen Drucksprüher klar. Endlich kann ich den mal ausprobieren.« Papa strahlt über das ganze Gesicht. Er sieht fast so aus wie Tim, als der neulich seine Riesenwasserpistole geschenkt bekommen hat, findet Ronja.

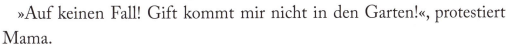

»Auf keinen Fall! Gift kommt mir nicht in den Garten!«, protestiert Mama.

»Hat jemand einen besseren Vorschlag?«, brummt Papa enttäuscht.

Tim und Ronja gucken sich an. Dann grinsen sie und nicken.

»Klar, haben wir. Stimmt's, Ronja?«, sagt Tim.

»Genau«, meint Ronja und nickt heftig mit dem Kopf. »Wir sammeln Marienkäfer.«

Mama ist ganz begeistert. »Das ist eine gute Idee!«, ruft sie. Nur Papa schaut noch immer ganz verständnislos.

»Marienkäfer fressen für ihr Leben gern Läuse«, erklärt Tim. »Neulich im Kindergarten haben wir über Marienkäfer gesprochen. Wie die so leben, was es für Arten gibt und wie nützlich sie im Garten sind und so was.«

Papa kratzt sich ratlos am Kopf. »Aha, und wo kriegen wir die jetzt so schnell her?«, fragt er.

»Wir suchen die Marienkäfer und sammeln sie einfach ein«, sagt Ronja. »Jede Wette, dass wir genug finden. Man muss nur genau hinschauen, dann findet man immer welche. Wir können doch auch mal die Nachbarn fragen, ob wir bei ihnen welche suchen dürfen. Die Arslans haben einen Strauch, der voll ist mit Marienkäfern.«

»Also meinetwegen. Operation ›Marienkäfer‹ kann beginnen. Ich bin dabei«, verkündet Papa, und nachdem Mama ein paar leere Marmeladengläser geholt hat, gehen sie an die Arbeit: Ronja und Tim suchen bei den Nachbarn und Mama und Papa in den Gemüse- und Blumenbeeten in ihrem Garten.

Als sie sich nach einer Stunde wieder alle vor Mamas Rosen treffen, wimmelt es in den Marmeladengläsern nur so von Marienkäfern.

»Mann, haben wir viele gesammelt!«, ruft Tim begeistert. Er schraubt den Deckel vom Glas ab und setzt die Käfer vorsichtig auf die Blüten und Blätter.

»Komisch, die meisten von euren Marienkäfern haben zwei Punkte, unsere aber haben …, Moment mal …, äh …, sieben«, wundert sich Papa.

»Das kommt, weil Ronjas und Tims Käfer erst zwei Jahre alt sind, unsere sind sieben«, erklärt Mama. »An den Punkten kann man nämlich das Alter der Marienkäfer ablesen.«

Verdutzt gucken sich Ronja und Tim an und fangen an zu kichern.

»Was ist denn daran so lustig?«, fragt Mama.

»Mensch, Mama«, erwidert Tim. »Die Punkte auf den Marienkäfern haben doch nichts mit ihrem Alter zu tun!«

»Was? Wieso?«, wundert sich Mama. »Aber das sagt man doch immer.«

»Das hab ich auch schon gehört«, kommt Papa ihr zu Hilfe.

»Ja, das denken auch viele«, erklärt Ronja. »In Wirklichkeit sind es aber verschiedene Marienkäferarten. Die Anzahl der Punkte bleibt ihr Leben lang gleich. Die mit zwei Punkten heißen zum Beispiel Zweipunkt-Marienkäfer.«

»Und die in eurem Glas sind Siebenpunkt-Marienkäfer«, fügt Tim hinzu.

Papa und Mama sind ganz erstaunt, was Ronja und Tim so alles wissen. Nachdem auch Mama und Papa ihre Käfer auf die Läuse losgelassen haben, beobachten alle gespannt, was passiert.

»Donnerwetter«, staunt Papa. »Es klappt. Guckt mal, wie die sich über die Läuse hermachen. Obwohl …«, hält er plötzlich inne.

»Obwohl was?«, fragt Mama.

»Obwohl es verdammt viele Läuse für die Käfer sind!«, sagt Papa. »Ob die wohl dagegen ankommen?«

»Wenn nicht, können sich zumindest zwei von uns schon mal freuen!«, sagt Mama und grinst.

»Papa, weil er seinen neuen Drucksprüher zum Einsatz bringen kann, und …«

»Ich«, unterbricht Tim sie aufgeregt, »weil ich mit meiner Riesenwasserpistole alle wegfetze.« Und dann müssen alle lachen.

Lesen bei schwachem Licht schadet den Augen

Konzentriert guckt Max auf seine Liste und wirft zwischendurch immer wieder einen Blick auf die offene Reisetasche, die vor seinem Bett steht. Hat er auch wirklich nichts vergessen?

»Comichefte? Check«, murmelt er zufrieden. Max kritzelt mit dem Buntstift ein Häkchen hinter das Wort Comichefte. Das mit dem Check hat er mal bei einem Piloten im Fernsehen gesehen, der vor dem Abflug geprüft hat, ob alles an Bord ist und funktioniert.

Max ist zwar kein Pilot, aber gleich fährt er das allererste Mal auf Klassenfahrt. Nicht auf irgendeinen Kindergartenausflug, bei dem man abends wieder zu Hause ist, sondern richtig weit weg. Und zwar zu einer Jugendherberge, die in einer alten Ritterburg untergebracht ist. Klar, dass da nichts schiefgehen darf.

Max fährt mit dem Finger zum nächsten Punkt auf seiner Liste.

MP3-Player? Check und Häkchen. Weiter geht's.
Schnuffel? Check und …
Max zögert mit dem Häkchen. Denn Schnuffel ist sein Kuschelhund. Eigentlich muss der unbedingt mit. Aber was, wenn sich die anderen darüber lustig machen? Egal, denkt Max. Notfalls sagt er eben, dass Schnuffel sein Glücksbringer ist. So was hatte sogar der Pilot im Fernsehen beim Flug dabei! Entschlossen macht Max ein Häkchen hinter Schnuffel.

Plötzlich geht die Tür auf, und seine große Schwester Nele stürmt ins Zimmer.

»Bruderherz!«, ruft sie. »Ich wollte noch Tschüss sagen! Lass dich knutschen!«

Max will protestieren, aber gegen eine zehn Jahre ältere Schwester ist kein Kraut gewachsen. Nele drückt ihn fest an sich und verpasst ihm einen dicken Schmatzer.

»Bäh!«, schnaubt Max und wischt sich über die Wange.

»He«, sagt Nele. »Ich kenne viele Jungs, die froh darüber wären!«

Max will schon sagen, dass das ganz schöne Volltrottel sein müssen, als er sieht, dass Nele eine alte Taschenlampe in der Hand hält.

»Was willst du denn damit?«, fragt er.

»Wenn du mich nicht hättest!«,

antwortet Nele. »Jede Wette, dass eine Taschenlampe auf deiner Liste fehlt.«

Max guckt Nele bloß mit großen Augen an.

»Klassenreise? Taschenlampe! Hallo!«, sagt Nele und fuchtelt mit der Hand vor Max' Gesicht rum. »Eine Taschenlampe ist superpraktisch, um nachts Blödsinn zu machen. Oder um unter der Bettdecke zu lesen.«

»Herr Kaiser hat gesagt, dass er beim Nachts-Blödsinn-Machen keinen Spaß versteht«, erwidert Max. »Und um neun ist Bettruhe.«

Nele schüttelt fassungslos den Kopf. »Mensch, das ist doch sein Job, so was zu sagen. Er ist euer Lehrer. Genauso wie es euer Job ist, Spaß zu haben. Und da gehören nachts Blödsinn machen und heimlich unter der Bettdecke lesen ja wohl dazu.«

Da ist sich Max nicht so sicher. Aber das mit dem Lesen unter der Bettdecke hört sich verlockend an, und so verstaut er die Taschenlampe in der Reisetasche. Als er sich wieder zu Nele umdreht, hält sie ihm einen zusammengefalteten Zettel hin.

»Hier«, sagt sie. »Der ist für den Fall, dass du beim Lesen unter der Bettdecke erwischt wirst und man dir erzählen will, dass Lesen bei schwachem Licht die Augen verdirbt. Den Artikel hab ich aus dem Internet. Darin schreibt ein Augenarzt, dass das alles gar nicht stimmt.«

Max ist beeindruckt. Nun kann nichts mehr schiefgehen.

Eine ewig lange Busfahrt, eine erste Erkundungstour durch die tolle alte Burg und ein leckeres Abendessen später ist es dann so weit: Max und seine Klassenkameraden müssen ins Bett. Dabei ist fast noch niemand müde. Auch Felix, Igor, Ahmed und Max nicht, die zusammen auf

einem Zimmer sind. Nach kurzem Kriegsrat beschließen sie, die Mädchen zu erschrecken.

Die vier Jungs schleichen vorsichtig den schummrigen Gang entlang. Da erwacht plötzlich eine der Ritterrüstungen an der Wand zum Leben. Blitzschnell streckt sie einen Arm vor und versperrt Max und den anderen mit einer riesigen Streitaxt den Weg. Wie erstarrt bleiben die Jungs stehen.

»Netter Versuch!«, sagt der Ritter mit einer Stimme, die ihnen irgendwie bekannt vorkommt. Kein Wunder, denn gleich darauf klappt der Ritter das Visier hoch, und das grinsende Gesicht von Herrn Kaiser erscheint. »Jetzt aber ab ins Bett. Und sofort Licht aus!«, sagt er.

Verblüfft marschieren die Freunde zurück in ihr Zimmer. Eine Weile reden sie in ihren Betten noch darüber, wie cool das von Herrn Kaiser war. Aber nach und nach schlafen schließlich alle ein. Bis auf Max, der es sich mit Schnuffel, seinen Comicheften und der Taschenlampe unter der Bettdecke gemütlich macht. Für den Notfall legt er noch Neles Zettel neben sich aufs Kopfkissen, falls Herr Kaiser auftaucht. Mit einem leisen Gähnen schlägt Max ein Batman-Heft auf und fängt an zu lesen …

Auf einmal hört er dröhnende Schritte. Schritte, die sich seinem Bett nähern. Dann wird die Bettdecke weggerissen. Erschrocken schaut Max auf. Vor ihm steht ein Ritter mit einer Streitaxt.

»Lesen unter der Bettdecke verdirbt die Augen!«, brüllt der Riese wütend. Er hebt die Axt.

»A…aber hier steht, dass es ganz ungefährlich ist«, stottert Max und zeigt auf Neles Zettel.

»Egal! Verboten ist verboten«, schreit der Ritter und lässt die Axt niedersausen. Schreiend reißt Max die Hände vors Gesicht …

»He, aufwachen!« Jemand rüttelt Max an der Schulter. Vorsichtig schlägt Max die Augen auf und lugt zwischen seinen Fingern hervor. Die Morgensonne scheint zum Fenster herein, und der Ritter ist weg. Dafür stehen Felix, Igor und Ahmed vor ihm.

»Mensch, was hast du denn geträumt?«, fragt Ahmed.

Max zuckt nur verschlafen mit den Schultern. Von seinem Traum will er lieber nichts erzählen. Beim Aufstehen merkt er, dass Neles Zettel fort ist. Doch zum Suchen bleibt keine Zeit, da Max und seine Freunde gleich zum Frühstück müssen.

Max hat so wenig geschlafen, dass ihm der Tag endlos lang vorkommt. Als er schließlich mies gelaunt beim Abendessen sitzt, ist er so erledigt, dass er sich sogar aufs Bett freut.

»Interessanter Artikel!«, sagt plötzlich jemand neben ihm und legt Neles Zettel auf den Tisch. Verblüfft guckt Max hoch. Vor ihm steht Herr Kaiser. Mist, wenn er Neles Zettel hat, weiß er bestimmt, dass ich heimlich gelesen hab, denkt Max.

»Lesen unter der Bettdecke verdirbt nämlich gar nicht die Augen, oder?«, bringt Max schließlich hervor.

»Hm!«, meint Herr Kaiser nur und guckt Max ganz ernst an.

Nervös rutscht Max auf seinem Stuhl herum.

»Stimmt, aber den nächsten Tag und die gute Laune verdirbt es schon, oder?«, fügt Herr Kaiser augenzwinkernd hinzu, bevor er sich dann umdreht und geht.

Dagegen ist leider nichts zu sagen, denkt Max – erleichtert, noch einmal davongekommen zu sein. Und entschlossen, nicht mehr unter der Bettdecke zu lesen. Na ja, jedenfalls nicht auf der Klassenfahrt.

Die Erde ist eine Kugel

»Kann ich auch mal ans Lenkrad, Mama?«, fragt Josefine. Sie weiß vor Aufregung gar nicht, wo sie zuerst hingucken soll. Zu Oma und Opa, die winkend am Anlegesteg stehen? Zu Papa, der sich vorne um die Segel kümmert? Oder lieber zu Mama? Die steht nämlich an diesem komischen runden Lenkding und steuert das Boot auf die verflixt enge Hafeneinfahrt zu.

»Das heißt Ruder«, erklärt Mama, ohne den Blick von der engen Lücke vor ihnen abzuwenden. »Wenn wir gleich auf dem offenen Meer sind, kannst du auch mal übernehmen.«

Josefine freut sich so, dass sie platzen könnte. Das Wetter ist herrlich schön, und sie darf mit Papa und Mama auf große Segeltour übers weite Meer. Bis nach Schweden segeln sie, wo Pippi Langstrumpf wohnt. Und weil das ganz schön weit ist, müssen sie sogar im Boot schlafen! Was aber überhaupt kein Problem

ist. Ihr Boot hat eine gemütliche Kabine mit einer Kochnische und superbequemen Schlafplätzen. Nur dass die Kochnische auf einem Schiff Kombüse heißt und die Schlafplätze Kojen.

Plötzlich schießt ein Motorboot um die Ecke der Hafeneinfahrt und braust direkt auf sie zu. Erschrocken sieht Josefine, dass der Mann am Steuerruder gar nicht in ihre Richtung schaut, sondern sich zu der blonden Frau neben sich rüberbeugt.

»He, hast du Tomaten auf den Augen?«, schreit Papa und fuchtelt wild mit den Armen.

»So ein Idiot«, murmelt Mama nur, die sich in der nächsten Sekunde in so etwas wie eine Superheldin-Mama verwandelt: Blitzschnell reißt sie mit der rechten Hand einen Hebel zu sich heran. Das Tuckern des Bootsmotors wird leiser, das Boot langsamer. Dann drückt Mama auf eine grüne Taste am Bedienfeld. Ein ohrenbetäubendes Tuten ertönt. Gleichzeitig dreht Mama mit der linken Hand das Steuerruder, sodass ihr Boot so weit wie möglich nach rechts ausweicht. Und das alles, ohne das Motorboot auch nur ein Mal aus den Augen zu lassen!

Mit angehaltenem Atem beobachtet Josefine, wie die beiden Boote ganz dicht aneinander vorbeirauschen. Sie sieht noch, wie der Mann im Motorboot zur Entschuldigung die Hand hebt. Dann sind Josefine und ihre Eltern auch schon aus dem Hafen raus und haben nur noch das weite blaue Meer vor sich.

»Das hast du super gemacht, Mama!«, ruft Josefine begeistert.

»Oberspitzenmäßiges Manöver!«, ruft Papa.

Mama strahlt über das ganze Gesicht. »Danke, danke«, sagt sie etwas verlegen. »Jetzt lasst uns aber endlich die Segel setzen. Der Wind ist optimal.«

Mit vollen Segeln gleitet das Boot wenig später durch die Wellen, und die Küste hinter ihnen schrumpft zu einer schmalen Linie.

Aber das bekommt Josefine gar nicht mit. Endlich darf sie ans Ruder. Aufmerksam schaut sie geradeaus. Nur zwischendurch guckt sie immer wieder auf das komische Kugeldings mit Zeiger und Strichen und Buchstaben drauf – den …, ach ja, richtig, Kompass!, fällt Josefine wieder ein. Papa und Mama, die neben ihr stehen, haben ihr erklärt, dass sie das Boot so steuern muss, dass der Zeiger immer auf den Buchstaben NO bleibt. Das heißt nämlich Nordost und ist die richtige Richtung nach Schweden.

»Ich glaub, ich leg mich mal in die Koje«, sagt Mama plötzlich.

Komisch, denkt Josefine. Wie kann man jetzt nur schlafen? Ob Mama krank ist? Na ja, ein bisschen blass sieht sie schon aus.

Doch Josefine findet das Segeln so toll, dass sie ganz andere Sachen im Kopf hat.

»Du, Papa?«, fragt sie etwas später. »Wenn Schweden nicht im Weg wäre und man immer weitersegeln könnte, müsste man doch irgendwann hier wieder an die gleiche Stelle kommen. Weil die Erde eine Kugel ist, oder?«

»Stimmt«, erwidert Papa. »Dann könnten wir um die ganze Erde segeln oder …« Papa hält inne und überlegt. »Na ja, oder eigentlich um die ganze Kartoffel«, fügt er dann hinzu.

»Um die Kartoffel?«, fragt Josefine. Misstrauisch schielt sie zu Papa. Will er sie etwa veräppeln? Doch der sieht ganz ernst aus.

»Genau«, erwidert Papa. »Die Erde ist nämlich keine perfekte glatte Kugel. Oben und unten an den Polen ist sie ein kleines bisschen platter, und in der Mitte am Äquator wölbt sie sich ein wenig vor.

Außerdem hat die Erde überall Beulen, Buckel und Dellen, sogar auf dem Meer.«

»Beulen und Dellen auf dem Meer? Mann, Papa, das stimmt doch gar nicht«, schimpft Josefine.

Trotzdem wirft sie einen vorsichtigen Blick aufs Meer, so als könnte das Boot jeden Augenblick doch in eine Delle stürzen.

»Nee, wirklich, kein Witz«, versichert Papa. »Das haben Wissenschaftler herausgefunden, als sie die Meeresoberflächen mit Satelliten supergenau vermessen haben. Die Beulen und Dellen entstehen, weil die Erdanziehungskräfte nicht überall gleich stark sind. Nur von Weitem aus dem Weltraum sieht die Erde also aus wie eine schöne runde Kugel. Aber ganz genau betrachtet gleicht sie eher einer Kartoffel. Oder einer von Mamas Frikadellen!«

Donnerwetter! Nun ist Josefine aber baff: die Erde … wie eine von Mamas Frikadellen.

»Lenkst du mal weiter? Das muss ich gleich Mama erzählen«, sagt Josefine. Schnell stürmt sie nach unten in die Kabine.

Dort liegt Mama noch in der Koje. Nicht die Superfrau von eben, sondern eine superbleiche Mama mit einem leeren Eimer in Reichweite.

»Mama, Mama, weißt du was?«, ruft Josefine.

»Nein«, haucht Mama und guckt nur starr an die Decke.

»Die Erde ist eigentlich wie eine Kartoffel!«

»O Gott, Essen!«, murmelt Mama und wird komisch grün im Gesicht.

»Oder wie eine von deinen leckeren Frikadellen«, fügt Josefine hastig hinzu, um Mama etwas aufzuheitern.

Doch dadurch wird Mama nur dunkelgrün und wedelt hektisch mit der Hand. Josefine versteht: Sie soll Papa holen. Wie der Blitz flitzt sie zurück.

»Papa, Papa. Mama ist ganz grün im Gesicht«, ruft sie aufgeregt. »Ich glaube, sie ist krank.«

Papa bleibt ganz ruhig. »Mama ist nur seekrank durch das Geschaukel auf dem Boot«, erklärt er. »Sobald sie sich an die Bewegungen gewöhnt hat, vergeht das auch wieder.«

Da ist sich Josefine nicht so sicher. Aber zum Glück geht es Mama am Abend tatsächlich wieder gut. So gut sogar, dass Josefine noch einmal ganz genau erzählen kann, was es mit der Erde, Kartoffeln und Mamas Frikadellen auf sich hat.

Raben sind schlechte Eltern

»O nein. Das darf doch nicht wahr sein«, stöhnt Boris. Ungläubig reißt er die Augen auf.

Sein Freund Murat bringt kein Wort heraus und lässt sich einfach auf einen Baumstumpf plumpsen.

Fassungslos starren die zwei Freunde auf ihr Geheimversteck. Oder besser gesagt auf das, was davon noch übrig ist. Denn die tolle alte Gartenhütte, die sie vor ein paar Wochen beim Spielen entdeckt haben, hat sich über Nacht in einen Bretterhaufen verwandelt.

»Mist, die ganze Arbeit umsonst«, sagt Murat enttäuscht.

Über zwei Wochen lang haben sich Boris und Murat abgerackert: den Efeu an der Hütte entfernt, alte morsche Bretter rausgerissen, neue besorgt, gesägt, gehämmert, genagelt, geschraubt und schließlich sogar noch gestrichen.

Und jetzt das!

Nicht nur sie haben nämlich ganze Arbeit geleistet, sondern auch das Unwetter, das letzte Nacht getobt hat. Der starke Sturm hat die schöne alte Tanne neben der Hütte entwurzelt, sodass die dann mitten auf das Hüttendach gekracht ist.

Traurig betrachten Murat und Boris die Ruine.

Da hören sie auf einmal ein wütendes Gekrächze und Gefauche aus einem Gebüsch in der Nähe. Erschrocken zucken sie zusammen. Gleich darauf ist es wieder still.

Vorsichtig steht Murat auf. »Was war das?«, flüstert er.

»Keine Ahnung«, antwortet Boris leise. »Gucken wir nach!«

Boris pirscht schon auf das Gebüsch zu, als Murat ihn von hinten an der Jacke festhält.

Boris dreht sich um. »Was ist denn?«, fragt er.

»Warte!«, sagt Murat nur. Er flitzt zu den Resten ihres Geheimverstecks, mustert den Trümmerhaufen und zerrt eine Holzlatte raus, die fast so groß ist wie er selber. Mit grimmiger Miene packt er die Latte mit beiden Händen und versetzt der Luft probeweise einen kräftigen Schlag. So kräftig, dass ihn der Schwung fast von den Beinen fegt. Boris lacht und schüttelt den Kopf.

»Ähm, sicher ist sicher«, meint Murat verlegen und reckt sich zur vollen Größe empor.

Da ist was dran, denkt Boris und sucht sich ebenfalls eine schöne Holzlatte aus.

1 2 3…

Auf Zehenspitzen schleichen sich Boris und Murat an das Gebüsch heran. Da bricht der Tumult erneut los. So laut ist das Gefauche und Gekrächze, dass man fast meinen könnte, auf der anderen Seite des Gebüschs würde ein Tiger mit einem Monsteradler kämpfen. Etwas unsicher schauen sich Boris und Murat an. Aber da in der Gegend weder Tiger noch Monsteradler leben, nehmen sie schließlich ihren ganzen Mut zusammen.

»Auf drei!«, flüstert Murat. »Du rechts um den Busch, ich links. Dann sind sie umzingelt.«

Boris nickt.

»Eins«, beginnt Murat, »zwei …, drei!«

Mit erhobenen Latten stürmen die beiden los. Leider in die gleiche Richtung, weil Murat in der Aufregung rechts und links verwechselt. Mit einem lauten Knall krachen die beiden Latten gegeneinander.

Doch jetzt gibt es kein Zurück mehr. Halb stolpernd, halb laufend stürzen Boris und Murat hinter den Busch. Aus den Augenwinkeln sehen sie gerade noch, wie ein dunkler Schatten ins hohe Unkraut davonflitzt. Murat hält so abrupt an, dass Boris ihn fast umrennt.

Nur wenige Zentimeter vor ihnen hockt ein Rabe auf dem Boden. Ganz zerzaust sieht er aus. Er ist ganz schön klein und kann offensichtlich noch nicht fliegen. Kläglich krächzend und das Köpfchen zur Seite geneigt, guckt er zu ihnen hoch.

»Mensch, der ist ja verletzt«, sagt Boris. Er zeigt auf eine Wunde am Flügel.

»Bestimmt wurde er eben von einer Katze angegriffen«, überlegt Murat. »Aber was er wohl hier allein auf dem Boden macht? Vielleicht hat er ja keine Eltern mehr.«

»Die Raben hatten wahrscheinlich ein Nest in der Tanne«, sagt Boris. »Und als die umgefallen ist, ist der kleine Rabe rausgefallen. Danach hatten die Eltern wohl keine Lust mehr, sich um ihn zu kümmern. Ich hab mal gehört, dass Raben schlechte Eltern sind.«

»Wie gemein von denen!«, schimpft Murat. Vorsichtig beugt er sich zu dem jungen Raben runter. »Keine Angst, Kleiner! Wir kümmern uns um dich, was, Boris?«

»Genau«, erwidert Boris. »Als Erstes bringen wir ihn zum Tierarzt.«

Zur Beruhigung geben sie dem kleinen Vogel ein paar Krümel von dem Müsliriegel, den Murat noch in der Jacke hat. Begeistert schauen sie zu, wie sich der Rabe über die Krümel hermacht. Und als Boris ihn vorsichtig in seine Jacke wickelt, hält Krächzi, wie sie ihn mittlerweile getauft haben, ganz still.

Da Murat mit seinem Meerschweinchen schon mal bei einem Tierarzt war, weiß er genau, wo sie hinmüssen. Bereits eine halbe Stunde später sitzen Boris und Murat mit Krächzi im Behandlungszimmer.

»Na, wen haben wir denn da?«, fragt der Tierarzt und holt Krächzi vorsichtig aus der Jacke heraus.

»Das ist Krächzi«, sagen die beiden Freunde fast gleichzeitig. Aufgeregt erzählen sie, was passiert ist.

»Hm«, meint der Tierarzt schließlich. »Da der kleine Rabe verletzt ist, war es richtig, dass ihr ihn hergebracht habt. Aber normalerweise soll man einsame Rabenjungen lieber in Ruhe lassen.«

»Aber Raben sind doch schlechte Eltern!«, protestiert Boris. »Die lassen ihre Kinder einfach so im Stich.«

»Ganz im Gegenteil«, erwidert der Arzt. Er beginnt, vorsichtig Krächzis Wunde zu versorgen. »Raben sind die besten Eltern, die man sich vorstellen kann. Mit großer Liebe füttern sie ihre anfangs noch blinden Jungen. Sie entsorgen sogar den Kot der Kleinen aus dem Nest, damit sie es schön sauber haben. Das Märchen von den schlechten Rabeneltern hat damit zu tun, dass es für Rabenjungen nach sechs Wochen Zeit wird, das Nest zu verlassen. Manche können dann tatsächlich noch nicht richtig fliegen. Für uns sieht es dann so aus, als ob sie einsam und verlassen auf dem Boden hocken. In Wirklichkeit sind die Eltern aber meist nicht weit. Sie behalten ihre Kinder im Auge, beschützen sie und helfen bei der Futtersuche.«

»Und was wird jetzt aus Krächzi?«, fragt Boris.

»Der ist bald wieder gesund. Ich bringe ihn nachher zur Auffangstation. Dort werden kranke oder ausgesetzte Tiere aufgenommen und wieder gesund gepflegt«, sagt der Arzt.

»Zur Auffangstation?«, fragt Murat enttäuscht.

Der Arzt lächelt. »Ihr würdet ihn gerne behalten, was?«, fragt er.

Murat und Boris nicken nur.

»Das kann ich verstehen, aber damit würdet ihr dem kleinen Kerl keinen Gefallen tun. Er würde sich so an euch gewöhnen, dass er nicht mehr als freier Rabe leben kann. Und auch keine Rabenfreunde mehr findet. Wollt ihr das?«

Das wollen Boris und Murat natürlich nicht. Sie verabschieden sich von ihrem kleinen Freund. Etwas traurig zwar, aber vor allem froh, dass aus Krächzi nun ein richtiger Rabe wird.

Wikinger trugen Helme mit Hörnern

»Achtung, Indianer!«, schreit Gustav. Wie aus dem Nichts fliegt plötzlich ein Saugnapffeil heran und bleibt mit einem satten *Plopp* an der Wand des Gartenhäuschens kleben. »Schnell in die Hütte, Joe!«, ruft Gustav und rennt los.

Joe ist Gustavs kleiner Cousin. Eigentlich heißt er nicht Joe, sondern Erwin. Aber das ist nun mal kein Name für einen Cowboy. Genauso wenig wie Gustav, der deswegen Mike heißt.

Wie der Blitz flitzen Joe-Erwin und Mike-Gustav in das Gartenhäuschen und schlagen die Tür hinter sich zu. Aufgeregt ruckelt Gustav an dem alten Türriegel, bis der sich endlich mit lautem Quietschen zuschieben lässt. Sie sind gerettet!

Im nächsten Augenblick poltert es auch schon heftig an der Tür.

»Haut ab, oder ihr erlebt euer blaues Wunder«, brüllt Erwin.

Als Antwort ertönt wütendes Indianergeheul, gefolgt von lautem Bellen.

Verblüfft gucken sich Gustav und Erwin an. Verflixt! Sie haben glatt *Prinzessin* vergessen. Prinzessin ist eigentlich eine Bernhardinerdame. Aber beim Cowboy-und-Indianer-Spiel ist sie eine wunderschöne

Saloonsängerin, die sie vor den Indianern beschützen müssen. Wie auf Kommando flitzen die beiden zum Fenster.

»O nein«, stöhnt Gustav und zeigt nach draußen. Dort steht sein älterer Bruder Oskar – genannt Flinkes Messer. Er hält Prinzessin an der Leine, während Erwins Bruder Robert – genannt Tapferer Hirsch – grinsend ein Gummibeil schwingt.

»Tja, Bleichgesichter, dumm gelaufen, was?!«, ruft Oskar. »Vierzig Schokoriegel, wenn ihr Prinzessin wiedersehen wollt.«

Lachend ziehen sich die Indianer mit Prinzessin wieder zurück in die Büsche.

Gustav und Erwin aber haben die Nase gestrichen voll.

»Die haben doch eine Vollmeise!«, schimpft Erwin, als sie dann Kriegsrat vor dem Gartenhäuschen halten. »Vierzig Schokoriegel!«

»Das kannst du voll vergessen«, motzt Gustav. »Warum müssen wir uns immer überfallen lassen? Das ist echt blöd!«

»Was ist blöd?«, fragt auf einmal Gustavs Vater, der in Gartenklamotten um die Ecke kommt.

Aufgebracht erzählen Gustav und Erwin, was gerade passiert ist.

»Tja, kann ich verstehen, dass ihr nicht immer überfallen werden wollt«, sagt er schließlich. »Aber ich hab eine Idee!«

Gespannt gucken Gustav und Erwin ihn an.

»Eigentlich«, sagt Papa, »habe ich jetzt überhaupt keine Lust zum Rasenmähen. Wie wär's, wenn ich bei euch mitmache?«

»Duuuu?«, ruft Gustav.

»Als Cowboy-Opa?«, rutscht es Erwin heraus.

»Na ja, sagen wir, als Cowboy-Ältester«, erwidert Gustavs Papa. »Wir drehen einfach den Spieß um, überfallen dieses Mal die Indianer und befreien Prinzessin!«

»Das kannst du vergessen«, erwidert Gustav. »Oskar und Robert haben ihr Lager auf der Räuberhalbinsel. Wie sollen wir uns da unbemerkt anschleichen?«

»Hm«, meint Gustavs Papa. »Das wird knifflig.«

Die Räuberhalbinsel ragt wie eine Zunge in den kleinen See, der hinter ihrem Grundstück liegt. Niemand weiß, warum sie so heißt. Vielleicht, weil sie mit ihren vielen alten Bäumen und dem dichten Unterholz ein toller Räuberschlupfwinkel wäre. Außerdem ist die Insel nur über eine schmale Stelle zu erreichen …

»Ich hab's!«, ruft Papa. »Wir sind keine Cowboys, sondern Wikinger!«

»Wikinger?«, fragt Gustav verblüfft.

»Wikinger und Indianer?«, sagt Erwin. Er schüttelt den Kopf. »Das passt doch nicht!«

»Das passt sogar prima«, antwortet Gustavs Vater. »Die Wikinger sind mit ihren Schiffen nämlich bis nach Amerika gesegelt und haben dort auch mit Indianern gekämpft. Und ein Schiff haben wir auch!«

»Wir haben ein Wikingerschiff?«, fragt Gustav erstaunt.

»Das zwar nicht«, gibt Papa zu. »Aber unser altes Gummiboot tut es auch. Das ist im Gartenhäuschen verstaut. Mit dem fahren wir über den

33

See, überraschen unsere zwei Indianer von hinten ...«

»... und befreien Prinzessin. Super!«, unterbricht ihn Erwin. Begeistert hüpft er auf der Stelle.

Auch Gustav ist beeindruckt. »Mensch, cool, Papa!«, sagt er. Dann fällt ihm noch etwas ein. »Oskar und ich haben doch noch Wikingerkostüme vom letzten Fasching. Los, Erwin, die ziehen wir gleich an.«

»Gute Idee«, meint Papa. »Ich mach inzwischen das Boot klar.«

Als sie wieder zurückkommen – mit Hörnerhelmen, Wikingerumhängen und Plastikschwertern –, liegt das Boot schon startbereit am Seeufer. Aber das ist nicht alles. Daneben steht ein Mann mit schlammverschmiertem Gesicht. Er trägt einen Kochtopf mit großen Henkeln auf dem Kopf.

»Papa?«, fragt Gustav vorsichtig.

»Toller Helm, was?«, sagt Papa. Stolz klopft er gegen den in der Sonne blitzenden Topf.

»Warum hast du denn dein Gesicht beschmiert, Onkel Reiner?«, fragt Erwin.

»Das sieht grimmiger aus«, sagt Papa. Das finden Erwin und Gustav auch. Sofort schmieren sie ihre Gesichter auch mit matschigem Uferschlamm ein.

Dann kann es losgehen.

Ganz leise tauchen die drei Wikinger ihre Paddel ins Wasser und gleiten auf die Räuberhalbinsel zu. Dort angekommen, schleichen sie sich vorsichtig durchs Gebüsch, bis sie durch die Zweige Oskar und Robert entdecken. Und natürlich Prinzessin, die es sich vor Oskars Zelt gemütlich gemacht hat.

»Odin!«, brüllt Papa begeistert und stürmt auf die Lichtung.

»Odin!«, brüllen Gustav und Erwin. Ohne zu zögern, stürmen sie hinterher.

Mit offenem Mund starren Oskar und Robert die brüllenden Hörner-Schlamm-Wesen an. Dann rennen sie so schnell wie möglich davon.

Das klappt ja super, denkt Gustav, der Robert ganz dicht auf den Fersen ist. Doch plötzlich saust ein dicker Zweig herab, den Robert gerade beiseitegeschoben hat. Der Zweig peitscht gegen eines der Helmhörner, und die harte Helmkante kracht auf Gustavs Ohr.

»Aua«, jammert Gustav, als Mama wenig später zu Hause die Schramme am Ohr betupft und desinfiziert.

»Wie ist das denn passiert?«, fragt Mama.

»Dieser blöde Wikingerhelm«, schimpft Gustav. Er erzählt Mama von ihrem Wikingerspiel.

»Tja, echten Wikingern wäre das nicht passiert«, sagt sie. »Die hatten nämlich gar keine Hörnerhelme, sondern glatte Rundhelme.«

Gustav kann es gar nicht glauben. »Was, keine Hörner?«, fragt er.

»Ja, keine Hörner!«, sagt Mama. »Die sind nur eine Erfindung von Schriftstellern und Gemäldemalern, weil Hörnerhelme so schön grimmig aussehen und daher gut zu den wilden Wikingern passen. Das habe ich neulich in einem Geschichtsmagazin gelesen. Hörner wären im Kampf nämlich viel zu gefährlich gewesen. Ein einziger Schwerthieb hätte genügt, um den Helm herunterzuschlagen und den Träger dabei zu verletzen.«

Vorsichtig betastet Gustav seine Schramme. »So wie bei mir«, meint er dann.

»Genau«, sagt Mama.

»Okay, keine Hörnerhelme mehr«, sagt Gustav und will schon losflitzen, um das mit den Hörnern gleich den anderen zu erzählen.

»Moment!«, ruft Mama streng.

Zögernd dreht sich Gustav um.

»Und keine Töpfe mehr für Papa«, sagt sie lächelnd. »Vor allem keine nagelneuen.«

Schokoweihnachtsmänner werden zu Osterhasen umgeschmolzen

»Sag mal, Anna, was ist eigentlich mit deinen Weihnachtsmännern?«, ruft Mama. Nachdenklich betrachtet sie Annas Schokoweihnachtsmänner, die unter dem Weihnachtsbaum in einer dicken Schicht aus herabgefallenen Nadeln stehen und irgendwie traurig wirken. Vielleicht, weil das Ende der Weihnachtszeit gekommen ist.

Doch da ist leider nichts zu machen. Weihnachten ist längst vorbei, und die Tannenbaumkugeln, Strohsterne und Kerzenhalter sind schon wieder verpackt und warten im Keller auf das nächste Weihnachtsfest.

In diesem Moment stürmt Anna mit einem kleinen Karton ins Wohnzimmer. »Die Weihnachtsmänner kommen zu mir ins Zimmer«, verkündet sie. »Da haben sie es bis nächstes Weihnachten schön gemütlich.«

»Willst du die wirklich so lange aufbewahren?«, fragt Mama.

»Was denn sonst? Ich kann sie doch nicht einfach essen!«, antwortet

Anna. Empört guckt sie Mama an. Wie oft soll sie ihr denn noch erklären, dass so ein Schokoweihnachtsmann nicht wegen der Schokolade toll ist, sondern weil es eben ein Weihnachtsmann ist. Den verputzt man doch nicht einfach so!

»Na gut«, seufzt Mama. Da klingelt es an der Tür.

»Ach, das muss Opa Schmidt sein. Der wollte für uns den Tannenbaum zur Sammelstelle bringen«, meint Mama. Der alte Opa Schmidt ist eigentlich gar nicht Annas richtiger Opa, sondern ihr Nachbar. Aber da er so nett ist und immer auf Anna aufpasst, wenn Mama länger arbeitet, heißt er einfach Opa Schmidt.

»Oh, darf ich mit?«, fragt Anna.

»Von mir aus schon«, sagt Mama. »Wenn Opa Schmidt einverstanden ist.«

Aber das ist eigentlich keine Frage. Denn wie immer freut sich Opa Schmidt über Annas Gesellschaft. Schnell nimmt sich Anna noch Geld aus ihrer Sparbüchse, weil sie sich auf dem Rückweg ein neues Bastelheft kaufen will. Dann kann es losgehen.

Zum Glück hat Opa Schmidt einen kleinen Bollerwagen besorgt, um den Tannenbaum bequem zu transportieren. So können sich die beiden in aller Ruhe erzählen, was sie Weihnachten und Silvester alles erlebt haben. Dadurch vergeht die Zeit wie im Flug, und ehe Anna von dem bevorstehenden Kindergartenausflug zur Feuerwehr berichten kann, sind sie schon an der Sammelstelle.

Anna tut es leid, den armen Tannenbaum draußen so allein zu lassen. Mit seinen kahlen Zweigen und den wenigen, fast schon gelben Nadeln sieht er ganz schön traurig aus. Doch Opa Schmidt erklärt ihr, dass die alten Tannenbäume nicht etwa verbrannt, sondern zu Erde umgewandelt werden. Daraus können dann wieder schöne grüne Tannenbäume wachsen.

Das klingt gut, findet Anna. Beruhigt macht sie sich mit Opa Schmidt auf den Heimweg.

»Ach, verflixt!«, ruft Opa Schmidt plötzlich, als sie schon fast am Supermarkt vorbei sind. »Ich wollte ja noch einkaufen. Hast du Lust, mir zu helfen?«

Natürlich hat Anna Lust. Mit Feuereifer hilft sie Opa Schmidt, die Sachen auf seiner Liste in den Einkaufswagen zu packen. Schließlich fehlt nur noch Schokolade. Aber wo die steht, weiß Anna ganz genau.

Sie sucht gerade das Süßwarenregal nach Opa Schmidts Bitterschokolade ab, als neben ihr ein Junge laut »Guck mal, Mama!« ruft. Anna dreht sich zur Seite und sieht, dass der Junge auf ein Tischchen mit übrig gebliebenen Weihnachtsmännern zeigt.

»Toll, nur fünfzig Cent! Krieg ich einen, Mama?«, fragt der Junge.

»Du hast genug zum Naschen«, sagt die Mutter und zieht ihn weg. »Was willst du denn mit den alten Weihnachtsmännern? Die werden sowieso bald zu Osterhasen umgeschmolzen.«

Fassungslos starrt Anna den beiden hinterher. Das gibt's doch nicht! Die armen Weihnachtsmänner sollen zu Schokosoße verarbeitet werden, nur um aus ihnen dann dämliche Osterhasen zu machen? Traurig schaut sie auf die Weihnachtsmänner. Doch auf einmal muss sie lächeln. Sie hat einen Plan …

»Du hast was?«, fragt Mama eine halbe Stunde später, als Anna wieder zu Hause ist. Aufgeregt hält Anna eine große, volle Tüte auf, damit Mama reinsehen kann.

»Sämtliche Weihnachtsmänner gerettet!«, erwidert Anna stolz.

»Gerettet? Wovor denn?«, fragt Mama verblüfft.

»Na, davor, dass aus ihnen Osterhasen gemacht werden«, erklärt Anna ernst. Sie erzählt, was die Frau im Supermarkt gesagt hat. »Opa Schmidt hat das auch schon gehört«, fügt sie am Ende vorsichtshalber noch hinzu.

»Aber du kannst doch nicht dein ganzes Taschengeld …«, beginnt Mama zu schimpfen. Dann bricht sie ab und denkt nach. »Weißt du was?«, sagt sie schließlich. »Wir beide gucken jetzt einfach im Internet nach, ob das mit dem Umschmelzen stimmt.«

Gleich darauf sitzen sie auch schon vor Mamas Computer. Gespannt guckt Anna zu, wie sich Mama durch verschiedene bunte Seiten klickt.

»Aha«, sagt Mama. Sie zeigt auf den Bildschirm. »Hier ist etwas!«

»Was steht denn da?«, fragt Anna gespannt.

»Tja, das mit dem Umschmelzen der Schokolade ist ein Märchen«, antwortet Mama. »Das Einsammeln, Transportieren, Auswickeln und Einschmelzen wäre für die Hersteller viel zu teuer. Übrig gebliebene Weihnachtsmänner werden erst billiger verkauft und dann an Leute gegeben, die ganz arm sind.«

Darüber muss Anna erst mal nachdenken. Dass arme Leute die Weihnachtsmänner umsonst kriegen, findet Anna gut. »Aber wenn dann immer noch welche übrig sind? Und was ist mit den Weihnachtsmännern, die man nicht isst? So wie meine?«, fragt sie besorgt.

Da muss Mama nachdenken. »Gute Frage«, murmelt sie. Dann lächelt sie. »Mensch, das steht ja auch hier. Pass auf: Kurz bevor es im Sommer so warm wird, dass die Weihnachtsmänner schmelzen, werden sie nachts vom Nikolaus zu sich nach Hause geholt. Da machen sie Erholungsurlaub und kehren als kerngesunde Weihnachtsmänner rechtzeitig zur Weihnachtszeit wieder in die Läden zurück.«

Stirnrunzelnd guckt Anna ihre Mama an. Doch die sieht ganz ernst aus.

Als Anna einige Monate später morgens aufwacht, sind tatsächlich all ihre Weihnachtsmänner verschwunden. Dafür liegt ein Nikolausmantel mit einer Karte auf der Bettdecke.

*»Liebe Anna,
ich habe meinen Mantel hiergelassen. Der war echt zu warm. Es wäre nett, wenn Du eine Weile darauf aufpassen könntest«*, liest Mama ihr wenig später vor. *»Liebe Grüße, auch von den Weihnachtsmännern!
Dein Nikolaus.«*

Ein verschlucktes Kaugummi verklebt den Magen

»Du heißt wie?« Johanna fängt an zu kichern. Völlig aus dem Häuschen, trommelt sie ein paarmal gegen den Vordersitz, woraufhin sich eine ältere Dame umdreht und ihr einen bösen Blick zuwirft.

»Oh, Entschuldigung«, sagt Johanna verlegen.

Julia und Johanna sitzen im Zug und sind auf dem Weg an die See. Dort wohnt nämlich Julias Oma, die die beiden Mädchen für ein paar Tage besuchen.

Kaum hat sich die ältere Dame vor ihnen wieder umgedreht, beugt sich Johanna zu ihrer Freundin Julia rüber.

»Elfriede Ottilie? Du heißt wirklich Elfriede Ottilie? Lass noch mal sehen!«

Doch Julia hat ihren Brustbeutel mit dem Namensetikett blitzschnell wieder unter ihrem T-Shirt verschwinden lassen. Den Brustbeutel hat sie vorhin eigentlich nur rausgeholt, um dem Schaffner ihre Fahrkarte zu zeigen. Aber blöderweise hat sie ihn dann auf dem Klapptischchen vor sich liegen lassen, wo ihn ihre beste Freundin Johanna natürlich sofort entdeckt hat.

»Tanten«, brummt Julia nur.

»Tanten?«, fragt Johanna.

»Patentanten«, erklärt Julia. »Die eine heißt Elfriede, die andere Ottilie. Und nach denen bin ich benannt: Julia Elfriede Ottilie. Aber wenn du das verrätst, kannst du was erleben.«

»Keine Bange, ich verrat nichts«, erwidert Johanna und versucht, so ernst wie möglich auszusehen, was bei solchen Namen natürlich verflixt schwierig ist.

Doch als dann das schöne blaue Meer zwischen zwei Hügeln aufleuchtet, ist die Sache schnell vergessen, und Julia und Johanna überlegen, was sie an der See alles machen werden.

Weil das Überlegen mit Kaugummi noch mal so gut klappt, gibt Johanna eine Runde von ihrer Lieblingssorte aus – von den leckeren rosafarbenen, die supergroße Blasen machen.

»Wir …, hm …, baden natürlich!«, schlägt Julia schmatzend vor. Sie macht eine schöne Kaugummiblase, die sie wie zur Bekräftigung mit einem lauten *Paff!* zerplatzen lässt.

»Hm, logisch«, antwortet Johanna, nachdenklich schmatzend. »Und …, hm …, gehen Minigolf spielen.« Auch sie macht eine Blase und lässt sie zerplatzen. *Paff!*

»Genau …, hm …, und Eis essen!« Julia. Riesenblase. Lauteres *Paff!*.

»Gute Idee! Hm …, ach, ja …, hm …, einen Ponyhof gibt's da auch.« Johanna. Superriesenblase. Noch lauteres *Paff!*.

»Was? Das …, hm …, ist ja spitze!« Julia. Superriesenmonsterblase. Megalautes *PAFF!*.

»Jetzt reicht's aber« hören Julia und Johanna da plötzlich jemanden schimpfen.

Erschrocken zucken die beiden zusammen und gucken zum Vordersitz, wo die Stimme hergekommen ist. Dort ist die ältere Dame von vorhin wiederaufgetaucht. Vor Wut ist sie knallrot wie eine Tomate, und ihre Augen funkeln böse. »Wenn ihr nicht gleich ruhig seid, hole ich den Schaffner«, faucht sie.

Julia und Johanna entschuldigen sich zerknirscht und machen sich dann wieder ans Pläneschmieden. Diesmal allerdings leise und ohne Kaugummiblasen. Aber das macht nicht so viel Spaß, und irgendwie hat die Frau ihnen die Laune auch verdorben.

Auf einmal packt die Frau ihre Sachen zusammen, um an der nächsten Station auszusteigen. Johanna und Julia können ihr Glück kaum fassen. »Na, dann passt mal auf, dass ihr eure dämlichen Kaugummis nicht verschluckt«, sagt die Frau im Vorbeigehen. »Die verkleben nämlich den Magen. Und das ist ganz schön gefährlich!«

Verblüfft starren die beiden Mädchen ihr nach, bis sie am Ausgang verschwindet.

»Die hat sie doch nicht alle!«, schimpft Julia. »Kaugummi soll den Magen verkleben? Was für ein Schwachsinn!«

»Gut, dass die blöde Puddingbrumsel weg ist«, findet auch Johanna. Vor Freude macht sie eine riesengroße Riesenblase. *PAFF!* Da fällt ihr plötzlich etwas ein. »Hm, das mit dem Magenverkleben hat meine Oma auch schon mal gesagt«, meint sie nachdenklich.

»Echt?«, fragt Julia.

»Ja, und meine Tante auch«, sagt Johanna.

Vorsichtig kauend gucken Julia und Johanna aus dem Fenster und denken über die Sache nach. Doch das Meer draußen sieht so herrlich aus, und die Vorfreude auf den Strand ist so groß, dass sie die Sache mit dem Kaugummi bald wieder vergessen haben.

Kurz vor ihrem Zielbahnhof stehen

Julia und Johanna auf und holen ihre Taschen aus der Gepäckablage. Plötzlich bremst der Zug abrupt.

»Mist«, krächzt Julia auf einmal und fängt heftig an zu husten und zu würgen.

»Was hast du denn?«, fragt Johanna erschrocken. Doch Julia muss erst noch ein paarmal husten, bevor sie etwas sagen kann.

»Ich hab mein Kaugummi verschluckt«, bringt Julia schließlich hervor. Einen kurzen Moment lang weiß keine von ihnen, was sie sagen soll.

»Ähm, mach dir nichts draus«, sagt Johanna tröstend. »Das mit dem Magenverkleben ist bestimmt Quatsch.«

»Genau!«, sagt Julia. Aber so richtig überzeugt klingt sie nicht.

»Dir tut doch nichts weh, oder?«, fragt Johanna besorgt.

Julia schüttelt den Kopf. Aber dann horcht sie lieber noch mal in sich hinein. Ist da nicht doch so ein leichter Druck im Bauch? Der, wenn man ganz genau überlegt, sogar etwas stärker wird. »Mist, ich glaube doch«, sagt sie.

Wenige Minuten später sind sich Johanna und Julia so gut wie sicher, dass sich das Kaugummi zusammen mit den anderen Sachen in Julias Magen gerade zu einer gefährlichen Monsterkugel verklebt. Verzweifelt überlegen sie, was sie machen sollen. Die Notbremse ziehen? Aber das bringt wohl nichts. Sie sind ja sowieso gleich da. Außerdem haben sie gehört, dass man dabei mächtig Ärger kriegen kann. Vielleicht sogar noch mehr Ärger als durch Monsterklebekugeln im Magen.

Kurz darauf begrüßt Oma sie auf dem Bahnsteig. Julia ist so fix und fertig, dass sie Oma um den Hals fällt und anfängt zu weinen.

»Was ist denn los?«, fragt Oma. Beruhigend streicht sie ihr über den

Rücken. Aufgeregt erzählt Johanna Julias Oma, was die Puddingbrumsel-Frau gesagt hat.

»Was Erwachsene Kindern doch manchmal für einen Blödsinn erzählen«, regt Oma sich auf. »Ein einzelnes Kaugummi macht gar nichts und ist völlig harmlos. Weil der Magen es nicht verdauen kann, leitet er es gleich weiter in den Darm. Dort rutscht es locker durch und landet irgendwann im Klo. Die Frau wollte euch wahrscheinlich nur erschrecken.«

»Echt?«, schnieft Julia.

»Echt!«, sagt Oma. »Schließlich war ich Krankenschwester. Da kenn ich mich aus.«

Beruhigt und erleichtert machen sich Oma, Julia und Johanna auf den Weg. Und als Oma dann auf den Schreck für alle ein dickes Eis spendiert, können die Ferien trotz Puddingbrumsel-Frau und Kaugummi endlich so richtig beginnen.

Ohrenkneifer krabbeln in die Ohren

»So ein Mist«, schimpft Leonie und starrt fassungslos in ihren Rucksack. Aber die Elfenmagazine sind einfach nicht zu finden. Dabei ist Leonie sicher, dass sie die Hefte eingesteckt hat, bevor Mama sie mit ihrem Bruder Jonas zu Opa gefahren hat. Na ja, jedenfalls ziemlich sicher. Oder zumindest ein bisschen sicher. Aufgeregt dreht sie den Rucksack um, sodass der ganze Inhalt auf den Teppich purzelt: Buntstifte, Malblock, ihr Lieblingsbuch mit Pferdegeschichten, ihre Kuschelstoffeule …, aber keine Elfenhefte.

»Ach, du grüne Neune, was ist denn hier passiert?«, hört sie plötzlich Opas Stimme. Schwer mit Bettwäsche bepackt, steht er in der Tür, um für Leonie und Jonas die Betten zu machen.

»Opa, Opa, meine Elfenhefte sind weg!«, ruft Leonie verzweifelt.

»Weg? Meinst du vergessen-mitzunehmen-weg oder elfenmäßig-fortgezaubert-weg?«, fragt Opa.

Aber Leonie ist jetzt nicht für Späße zu haben. »Och, Mann, Opa! Das ist überhaupt nicht lustig.«, schimpft sie und macht einen Schmollmund.

»Das ist doch nicht schlimm«, tröstet Opa sie. »Nachher beim Einkaufen besorgen wir dir neue. Bis dahin kannst du doch mit Jonas und

49

Moritz spielen. Die sind hinten im Garten und machen sich die alte Hütte zurecht.«

Leonie weiß nicht, ob das eine gute Idee ist. Der Nachbarsjunge Moritz und Jonas sind nicht nur älter, sondern auch Jungs und somit ziemlich blöd. Vor allem, weil sie Leonie beim Spielen meist nicht dabeihaben wollen.

Aber weil ihr langweilig wird, geht sie dann doch. Als sich Leonie der Hütte nähert, hört sie durch das zersprungene alte Glasfenster Jonas und Moritz drinnen reden. Ganz deutlich kann sie ihren Namen verstehen.

Die reden über mich!, denkt Leonie. Vorsichtig schleicht sie sich noch näher und hockt sich unters Fenster, um zu lauschen.

»Was, wenn Leonie gleich wieder angedackelt kommt?«, hört sie den Blödmann Moritz sagen.

»Keine Bange«, antwortet Jonas. »Ich hab ihre dämlichen Elfenhefte unter der Matratze versteckt. Die ist bestimmt immer noch mit Suchen beschäftigt. Und wenn nicht …«

Leonie holt tief Luft. Du blöder Pupspudding, will sie schreien. Aber dann schlägt sie sich die Hand vor den Mund. Sie muss unbedingt hören, was Jonas vorhat.

»… dann muss Leonie erst eine Mutprobe machen«, flüstert ihr Bruder leise.

»Eine Mutprobe?«, fragt Moritz.

»Genau«, kichert Jonas. »Und zwar eine, die sie nie im Leben besteht.

Sie muss ihre Hand in diese Schachtel stecken. Natürlich mit geschlossenen Augen!«

»Und was ist da Schlimmes drin?«, fragt Moritz. Ein Rascheln verrät Leonie, dass Jonas die Schachtel aufmacht. Aufgeregt hält sie den Atem an.

»Die fettesten Ohrenkneifer, die ich finden konnte«, verkündet Jonas stolz.

Ohrenkneifer! Leonie wird ganz schwummrig. Wie betäubt krabbelt sie vom Fenster weg. Dann steht sie auf und rennt zurück zu Opa. Ausgerechnet Ohrenkneifer! Schon beim Gedanken daran wird ihr ganz übel. Diese ekligen Krabbelviecher, die nur darauf lauern, einem in die Ohren zu kriechen, um mit ihren Zangen darin herumzuknabbern. Jonas ist echt gemein.

Völlig außer Atem erzählt Leonie Opa, was passiert ist. Und während sie so erzählt, wird sie immer wütender auf Jonas und Moritz. So wütend, dass sie weinen muss. »Und das mit den Ohrenkneifern ist das Allergemeinste von diesen Schweinebacken«, schluchzt sie.

»Das ist wirklich gemein«, stimmt Opa zu. Nachdenklich runzelt er die Stirn und gibt ihr ein Taschentuch. »Weißt du was?«, sagt er aufmunternd. »Ich glaube, Jonas und Moritz haben eine kleine Lektion verdient.«

»Eine Lektion?«, schnieft Leonie.

»Genau!«, erwidert Opa. »Zuerst sorgen wir mal dafür, dass ihnen die Spucke wegbleibt. Und zwar, indem du die Mutprobe ganz leicht bestehst.«

»Nie im Leben!«, protestiert Leonie.

»Doch, das kannst du. Die Ohrenkneifer tun dir nämlich gar nichts. Es ist nur ein Märchen, dass sie ins Ohr kriechen und kneifen. Früher wurde aus ihnen Medizin gegen Ohrenkrankheiten gemacht. Daher kommt das Wort Ohr in ihrem Namen.«

»Echt?«, fragt Leonie.

»Großes Opa-Ehrenwort!«, beteuert Opa. »Moritz und Jonas werden ganz verblüfft sein, wenn du keine Angst vor den Ohrenkneifern hast. Und dann erschrecken wir die beiden so richtig. Ich weiß nämlich, wovor sie sich ganz sicher ekeln. Und zufällig habe ich in einem alten Spielzeugkarton von deinem Vater genau das Richtige. Geh zurück zu den Jungs und mach die Mutprobe. Alles Weitere überlass mir. Okay?«

Leonie zögert. Aber dann stellt sie sich vor, wie dumm Moritz und Jonas gleich aus der Wäsche gucken werden, und da muss Leonie grinsen. »Okay!«, erwidert sie, und damit kann es losgehen.

Wenig später steht Leonie mit Moritz und Jonas vor der Hütte.

»Ich öffne den Deckel, und du greifst rein. Mach deine Augen zu«, erklärt Jonas und hält ihr die Schachtel hin.

Leonie schließt die Augen und hört die beiden kichern, als Jonas die Schachtel aufmacht. Na wartet, denkt sie und langt hinein. Wie das kribbelt und krabbelt! Aber Leonie nimmt all ihren Mut zusammen und zuckt nicht einmal mit der Wimper. Dann öffnet sie die Augen. »Sind die süß!«, ruft sie und schafft sogar ein Lächeln.

Mit offenem Mund gucken sich Moritz und ihr Bruder an. Jonas lässt fassungslos die Schachtel sinken. Sicherheitshalber schauen er und Moritz noch mal nach, ob auch wirklich Ohrenkneifer in der Schachtel sind.

In diesem Moment nimmt Leonie über Moritz und Jonas' Köpfen eine Bewegung wahr. An einem Faden senkt sich ein dickes, achtbeiniges Ding herab. Ein pelzig aussehendes Ding, das zuckt und zappelt und grünen Schleim absondert.

Eine Monsterspinne! Leonie will schon schreien. Da erkennt sie, dass die Spinne gar nicht echt ist. Jetzt begreift sie: Opa liegt auf dem Flachdach und lässt eine Gummispinne runter.

»S…süß?«, bringt Jonas endlich hervor.

»Na ja«, meint Leonie und zeigt nach oben. »Jedenfalls süßer als das Ding da.«

Verblüfft gucken die beiden Jungs hoch. Erst stehen Moritz und Jonas da wie zwei Statuen. Stumm und mit großen Augen glotzen sie auf das zappelnde Ding. Da tropft Moritz ein Schleimtropfen auf die Nasenspitze. Kreischend springen Moritz und Jonas zur Seite. Die Gummispinne landet mit einem leisen *Platsch!* auf dem Boden.

Gleich darauf taucht Opas lachendes Gesicht an der Dachkante auf. »Tja, Jungs, reingefallen auf Gummispinne und Spielzeugschleim. Da sieht man mal, wie blöd Mutproben sein können. Was meinst du, Leonie? Wollen wir die beiden jetzt zu einer Versöhnungskuchenschlacht mit Kakao einladen?«

Leonie tut natürlich erst mal so, als ob sie überlegen muss. »Na gut«, sagt sie endlich. »Aber nur, wenn Jonas meine Elfenhefte nicht mehr versteckt.«

Und das macht Jonas von da an auch wirklich nicht mehr. Jedenfalls nicht mehr ganz so häufig …

Die größten Pyramiden gibt es in Ägypten

»Papa, wo bleibst du denn?«, brüllt Lilli die Treppe hoch. Mit der Sporttasche in der Hand steht sie im Flur und horcht nach oben. Nichts. Stille.

Nervös guckt sie auf ihre Armbanduhr. Verflixt! In einer halben Stunde fängt schon ihr Fußballspiel an. Nicht auszudenken, wenn sie da zu spät kommt. Mit einem genervten »Menno« lässt Lilli die Tasche auf den Fliesenboden knallen, stürmt die Treppe hoch und hämmert gegen die Tür von Papas Arbeitszimmer. »Papa, komm endlich!«, ruft sie. Nichts. Stille.

So langsam wird Lilli sauer. Papa hat fest versprochen, sie zum Spiel zu fahren. Doch jetzt wird es allmählich ganz schön knapp. Mama ist mit einer Freundin einen Kaffee trinken und kann auch nicht einspringen.

Energisch drückt Lilli die Klinke runter und stößt die Tür auf. Da ist Papa ja. Mit Kopfhörern auf den Ohren sitzt er am Schreibtisch, hört Musik und guckt sich ein Heft an. Er ist so vertieft, dass er Lilli gar nicht bemerkt. Erschrocken zuckt er zusammen, als sie ihm auf die Schulter tippt.

»Mensch, Lilli, hast du mich erschreckt«, sagt er und nimmt die Kopfhörer ab. »Was gibt's denn?«

Lilli ist fassungslos. Wie kann man nur so vergesslich sein! »Du wolltest mich doch zum Sport fahren!«, beschwert sie sich. »Dein komisches Geschichtenheft kannst du später noch lesen.«

»Das ist kein Geschichtenheft, sondern ein Geschichtsmagazin«, antwortet Papa. »Da kann man lesen, wie die Menschen früher gelebt haben. Und das ist nicht komisch, sondern superspannend. Vor allem, weil ich gerade auf eine Preisfrage gestoßen bin. *Wo steht die größte Pyramide?* Mit der richtigen Antwort kann man sogar eine tolle Reise gewinnen. Und zwar in das Land, in dem diese Pyramide steht.«

»Mann, Papa, das ist doch leicht«, seufzt Lilli. Sie verdreht genervt die Augen. »Die steht natürlich in Ägypten. Wie können die für so einen tollen Preis nur so eine Babyfrage nehmen? Und jetzt komm!«

»Stimmt«, murmelt Papa. Nachdenklich schaut er auf die offene Zimmertür, durch die Lilli schon wieder nach unten verschwunden ist. Da kommt ihm eine Idee …

Ein paar Wochen später sitzen Lilli, Mama und Papa Samstagmorgen gemütlich beim Frühstück und überlegen, was sie am Wochenende alles machen können. Draußen gießt es in Strömen, und Lilli ist noch gar nicht richtig wach. Papa schlägt gerade vor, dass man ja mal wieder ins Kino gehen könnte, als plötzlich die Briefkastenklappe an der Haustür scheppert.

»Post!«, sagt Papa und steht auf. »Ich guck mal, was gekommen ist. Bestimmt nur wieder Werbung.« Gähnend schlurft er in den Flur.

Gleich darauf hören Lilli und Mama, wie Papa einen Umschlag aufreißt.

»Es scheint doch nicht nur Werbung zu sein«, meint Lilli. Die landet bei Papa meist gleich ungeöffnet im Altpapier.

»Hauptsache, keine Rechnung«, murmelt Mama und nimmt einen kräftigen Schluck Kaffee.

Neugierig lauschen die beiden in den Flur. Nichts. Stille.

»Papa?«, ruft Lilli schließlich.

Gleich darauf erscheint Papa an der Küchentür. Aber irgendwie sieht er aus, als hätte er ein Gespenst gesehen. Mit bleichem Gesicht starrt er kopfschüttelnd auf den Brief in seiner Hand.

»O nein«, stöhnt Mama. »Doch eine Rechnung!«

Ohne zu antworten, kommt Papa wieder in die Küche zurück und lässt sich auf seinen Stuhl plumpsen.

»Nein, keine Rechnung«, sagt er. »Eher im Gegenteil.« Auf einmal fängt er an zu grinsen.

Mit großen Augen sehen Mama und Lilli ihn an.

»Mensch, nun sag endlich was!«, ruft Mama. Ungeduldig knufft sie Papa am Ellenbogen.

»Tja, ich hab den Hauptpreis im Preisausschreiben des Geschichtsmagazins gewonnen«, verkündet Papa. »Weißt du noch, Lilli? Es ging um die größte Pyramide der Welt. Und der Hauptpreis ist eine Reise ins Land der Pyramide. Tja, und jetzt geht's los. Eigentlich ist die Reise nur für zwei. Aber man kann

Papa

Kinder günstig dazubuchen. Und da du mich erst auf die richtige Lösung gebracht hast, Lilli, kommst du natürlich mit.«

Ich? Wieso das denn?, will Lilli eigentlich fragen. Doch dazu kommt sie nicht. Denn plötzlich beugt sich Mama mit einem lauten »Juchu, wir fahren nach Ägypten!« zu Papa vor und stößt dabei ihren Kaffeebecher um.

Hektisch versuchen alle, die braune Kaffeepfütze mit Servietten einzudämmen, und danach ist vor lauter Aufregung über die tolle Reise alles andere vergessen.

In den nächsten Tagen löchern Mama und Lilli Papa dann mit lauter Fragen über Ägypten: Wie warm ist es da wohl? Und welche Sprache spricht man? Ach ja, ihr Hotel hat doch auch einen Pool, oder?

Auf jede Frage gibt Papa geduldig Antwort. Allerdings nicht, ohne sie manchmal komisch anzugrinsen. Erst wundern sich Mama und Lilli ein bisschen. Aber wahrscheinlich macht Papa das nur, weil er sich so freut, glauben Mama und Lilli und denken sich nichts weiter dabei.

Jedenfalls nicht bis zum Reisetag, als sie auf dem Flughafen in einer Schlange stehen, um ihr Gepäck abzugeben.

»Mist, wir stehen ja in der falschen Schlange«, sagt Mama plötzlich. Aufgeregt deutet sie auf die Anzeigetafel vor ihnen. Mexico City steht da.

»Keine Panik. Alles okay«, erwidert Papa cool.

»Aber Mexico City liegt doch nicht in Ägypten«, protestiert Mama.

»Ich hab nie behauptet, dass wir nach Ägypten fahren«, meint Papa und fängt wieder so komisch an zu grinsen.

Verwirrt gucken Mama und Lilli ihn an.

»Ich habe nicht gesagt, dass wir ins Land der *Pyramiden* fahren, sondern ins Land der *Pyramide*«, erklärt Papa dann. »Und zwar der größten Pyramide der Welt, um genau zu sein. Und die steht in Mexiko.«

»Nicht in Ägypten?«, staunt Mama.

»Da gibt's zwar die meisten und mit der Cheopspyramide auch die höchste Pyramide. Aber eben nicht die größte, wie die Frage ganz genau lautete. Das ist die Cholula-Pyramide in Mexiko. Deren Grundfläche und Rauminhalt sind nämlich fast doppelt so groß wie bei der Cheopspyramide. Fast wäre ich selbst drauf reingefallen. Aber dank Lillis Bemerkung, dass das ein ganz schön toller Preis für solch eine Babyfrage wäre, bin ich misstrauisch geworden. Toll, was?«

»Supertoll«, brummt Mama. Sie wirft Papa einen bohrenden Blick zu. »Und weißt du auch, warum?«

»Äh, nö?«, meint Papa und wird rot.

»Weil jetzt feststeht, wer die ganzen Ägyptenreiseführer tragen darf. Stimmt's, Lilli?«

Und dann können sich Mama und Lilli vor Lachen nicht mehr halten.

Pommes sind ungesund

»Och ne, nicht den Frittenmops!«, ruft Theo so laut, dass es durch die Turnhalle hallt. Abfällig verzieht er das Gesicht und schlägt sich enttäuscht gegen die Stirn. Alle brechen in Lachen aus und gucken zur Hallenwand. Dort sitzt Anton einsam und alleine auf der Turnbank. Mit hochrotem Kopf und den Tränen nahe. Er ist als Letzter bei der Mannschaftswahl übrig geblieben. Wieder einmal. Niemand will ihn in seiner Mannschaft haben, weil er dicker als die anderen und schnell aus der Puste ist.

Da ertönt ein lauter Pfiff aus einer Trillerpfeife, und das Lachen und Gekicher verstummt. Alle gucken erschrocken zu ihrem Lehrer Herrn Pachulke. Die Hände in die Hüften gestemmt, steht er da und betrachtet seine Schüler stirnrunzelnd.

»Also, wer möchte mir erklären, was daran so witzig ist?«, fragt er schließlich. Ruhig lässt er den Blick über die schon bereitstehenden Mannschaften gleiten. Alle blicken zu Boden. Auch Theo.

»Theo, du doch bestimmt, oder?«, fragt Herr Pachulke dann. »Du kannst auch gerne nach vorne kommen, damit dich alle besser sehen und hören können!« Theo wird knallrot und lässt den Kopf noch tiefer sinken.

»Das dachte ich mir«, seufzt Herr Pachulke. »Also gut!«, ruft er. »Sol-

che Kommentare will ich nicht mehr hören. So, dann lasst uns mal endlich loslegen.«

Aufmunternd klopft er Anton auf die Schulter und schickt ihn zu Theos Mannschaft rüber.

Doch Anton fühlt sich alles andere als aufgemuntert. Und das Fußballspiel wird zu einem wahren Albtraum. Denn sosehr er auch läuft und winkt: Keiner der anderen Jungs traut ihm etwas zu und spielt zu ihm ab. Und so kommt er während des ganzen Spiels nicht ein Mal an den Ball. Jedenfalls fast nicht. Denn als es kurz vor Schluss unentschieden steht, fällt der Ball Anton irgendwie doch noch vor die Füße. Hastig holt er aus, um den Ball Theo zuzuspielen. Aber Anton ist viel zu aufgeregt, und seine Beine fühlen sich mittlerweile an wie Wackelpudding. Er verliert das Gleichgewicht und landet mit einem lauten Plumps auf dem Hallenboden. Allerdings nicht, ohne den Ball im Fallen noch zu treffen. In einem wahren Kunstschuss segelt der in hohem Bogen durch die Halle. Genau ins eigene Tor!

Gleich darauf ertönt der Schlusspfiff.

Anton aber bleibt mit geschlossenen Augen liegen. Wieder ringt er mit den Tränen. Am liebsten würde er nichts mehr sehen und nichts mehr hören. Nie, nie wieder! Aber das mit dem Hören klappt leider nicht so ganz. Ob er es nun will oder nicht, Anton kriegt deutlich mit, wie seine Klassenkameraden die

Halle verlassen. Die einen lachend und jubelnd, die anderen fluchend und schimpfend. »Blöder Frittenmops!«, hört er sogar noch jemanden murmeln. Dann sind alle weg.

Als Anton die Augen aufmacht, sieht er, dass nur sein Lehrer noch da ist.

Herr Pachulke beugt sich über ihn. »Alles in Ordnung, Anton?«, fragt er besorgt und hält ihm die Hand hin.

Aus Angst zu weinen sagt Anton nichts und nickt nur. Seine Lippen sind fest aufeinandergepresst.

»Das darfst du nicht ernst nehmen«, sagt Herr Pachulke, als er ihn hochzieht. »Eigentlich meinen sie es nicht so.«

Anton steht mit hängenden Schultern und gesenktem Kopf da. Das ist wirklich kein Trost für ihn. Nachdenklich guckt Herr Pachulke ihn an. »Dieses blöde Wort mit den Fritten …«, sagt er schließlich. »Das haben die anderen gesagt, weil du so gerne Pommes isst, stimmt's?«

Anton nickt.

»Na, wie ich sehe, haben wir einiges gemeinsam«, sagt Herr Pachulke lächelnd.

Überrascht schaut Anton auf.

»Doch, wirklich«, versichert sein Lehrer. »Pommes esse ich für mein Leben gerne. Am liebsten die von Bertis Grill gegenüber. Und außerdem weiß ich genau, wie du dich fühlst. Früher bin ich nämlich auch immer gehänselt worden, weil ich dicker war als die anderen.«

2:1

Anton ist fassungslos. Der sportliche Herr Pachulke soll mal dick gewesen sein? Und gerne Pommes essen? Auch heute noch?

»Aber Pommes sind doch eigentlich …«, murmelt Anton leise.

»Ungesund, meinst du?«, unterbricht ihn Herr Pachulke. »Tja, da kannst du mal sehen, was die Leute so quatschen, ohne Ahnung zu haben. Eine Portion Pommes hat weniger Kalorien als ein normal bestrichenes Butterbrot. Ohne Käse oder Wurst, wohlgemerkt. Und wenn du Backofenpommes nimmst, sind es sogar noch weniger. Wichtig ist eben, dass man solche Sachen nicht nur und in rauen Mengen oder bloß mal so zwischendurch isst. Und natürlich, dass man nicht nur vor dem Computer hängt, sondern sich bewegt. So habe ich es nach und nach auch geschafft, wieder fit zu werden. Und was ich kann, kannst du schon lange.«

Das hört sich zwar super an, findet Anton. Aber damit er so wie Herr Pachulke wird, müsste wohl ein Wunder passieren.

Als Anton am Ende des Tages zusammen mit Papa und Mama beim Abendbrot sitzt, erwartet ihn eine dicke Überraschung. Mama erzählt, dass Herr Pachulke angerufen und von der blöden Sportstunde berichtet hat. Außerdem hat er gefragt, ob Anton nicht beim Jumbo-Sport mitmachen will, den er außerhalb der Schule leitet. Da geht es vor allem um den Spaß. Nebenbei erfährt man sogar, wie man es schafft, weiter Pommes und hin und wieder auch mal einen Schokoriegel zu essen und trotzdem langsam abzunehmen.

Anton weiß erst nicht recht, was er davon halten soll. Aber dann erzählt Papa, dass sogar auch Eltern mitmachen können. »Und da ich mittlerweile selbst ein Jumbo bin«, sagt er und streicht sich seufzend über seinen Kugelbauch, »würde ich das gerne mal versuchen. Allerdings nur, wenn du mitkommst.«

Damit sieht die Sache für Anton schon ganz anders aus. Und so gehen Papa und Anton zum Jumbo-Sport. Erst mal nur zum Gucken natürlich. Schon bald merken sie, wie viel Spaß es bringt, zusammen was zu machen. So viel Spaß, dass sie jede Woche gehen und Mama irgendwann einfach mitkommt.

Und dann nach vielen Wochen passiert es tatsächlich: Antons Wunder. Bei der Mannschaftswahl in der Sportstunde wird er zwar nicht als Erster gewählt. Und auch nicht als Zweiter oder Dritter. Aber auch nicht als Letzter. Und das fühlt sich für Anton an, als wäre er Weltmeister geworden.

Stiere werden wütend, wenn sie Rot sehen

»Können wir nicht mal eine Pause machen, Papa?«, ruft Julius nach hinten über die Schulter. »Ich hab vom Paddeln schon ganz lange Arme.«

Eine ganze Weile sind Julius und Papa nun bereits mit ihrem Kanu auf einem kleinen Flüsschen unterwegs, das sich durch Wiesen und Wälder schlängelt. Und eigentlich ist alles prima. Schließlich macht Julius mit Papa zum ersten Mal eine monsterlange Kanutour, und die Sonne scheint warm vom blauen Himmel herab. Allerdings langsam schon etwas zu warm, findet Julius. Eine kleine Pause mit einer leckeren Limo aus der Kühlbox wäre jetzt genau das Richtige. Denn abgesehen davon, dass sich seine Arme langsam wie Pudding anfühlen, könnte er vor Durst glatt den ganzen Fluss austrinken.

»Gleich hinter der nächsten Biegung«, ruft Papa von hinten. »Da müssen wir sowieso aussteigen.«

Gleich darauf sind sie auch schon um die Biegung herum, und Papa steuert auf das Ufer zu. Mit leisem Knirschen gleitet das Kanu auf den Ufersand.

Im Rekordtempo kraxelt Julius aus dem Boot. Noch bis zu den Waden im Wasser, macht er sich über die Kühlbox her. Ein rascher Griff, Drehdeckel ab, und schon sitzt die Flasche an seinem Mund. Genüsslich lässt er sich die herrlich kalte Limo durch die Kehle rinnen, während Papa schwer bepackt die Uferböschung hochklettert.

Das kommt Julius nun obermerkwürdig vor. Hatte Papa nicht gesagt, dass sie bis zu einem großen See wollen? Um da zu baden und zu grillen? Mit Mama, die sie mit dem Auto abholt? Nachdenklich nimmt er noch einen tiefen Schluck aus der Flasche, als Papa auch schon zurückkommt.

»Na, wie sieht's aus?«, fragt Papa munter. »Bist du wieder einigermaßen fit?«

Eigentlich ist Julius noch etwas müde. Aber Papa soll ja nicht denken, dass er noch zu klein für eine so lange Paddeltour ist, und so nickt er eifrig.

»Super!«, sagt Papa strahlend und zeigt auf die Kühlbox. »Du trägst die Box und ich das Kanu, okay?«

»Fahren wir denn nicht weiter?«, fragt Julius.

»Doch«, erwidert Papa. »Wir müssen nur das Kanu umsetzen.«

»Umsetzen?«, fragt Julius verblüfft.

»Ja, wir tragen es hier ein kurzes Stückchen über Land zu einem anderen Fluss. Der fließt dann in den See, an dem Mama auf uns wartet«, erklärt Papa.

Als die beiden oben auf dem Feldweg stehen, stellt sich jedoch heraus, dass das mit dem »kurzen Stückchen« so eine Sache ist.

»Hm«, meint Papa. Stirnrunzelnd guckt er auf die Karte. »Der Feldweg führt an dieser Wiese in einem riesigen Bogen vorbei zum Fluss. Das ist fast ein Kilometer«, sagt er.

Julius weiß zwar nicht genau, wie lang so ein Kilometer genau ist, aber gut hört sich das nicht an.

Da hat Papa plötzlich eine Idee. »Mensch, wir gehen einfach hier über die Wiese, dann sind's nur hundert Meter!«, ruft er freudestrahlend.

Skeptisch betrachtet Julius die Wiese. Die ist nicht nur von einem komischen Draht mit fies aussehenden Stacheln umzäunt, sondern auch noch bewohnt. Denn etwas abseits stehen fünf Kühe. Vier kleinere und eine ziemlich große.

»Und was ist mit denen und dem Stacheldings da?«, fragt Julius. Er zeigt erst auf die Kühe und dann auf den Stacheldraht.

»Ach«, sagt Papa und winkt ab. »Kühe tun doch nichts, und unter dem Stacheldraht kannst du locker durchschlüpfen. Pass auf, ich geh erst alleine mit den Paddeln und der Box voran. Den Rest tragen wir dann zusammen rüber.«

Irgendwie hat Julius kein gutes Gefühl. Aber bevor er was sagen kann, ist Papa auch schon mit Paddeln und Box unter dem Draht durch.

Gespannt beobachtet Julius, wie sich Papa den Kühen nähert. Tatsächlich, die scheinen eher Angst zu haben. Zumindest die vier kleineren. Die weichen nämlich vor Papa zurück und kommen dabei in Julius' Nähe. So nah, dass ihm etwas auffällt.

Das sind ja alles Jungs!, denkt Julius. Oder besser gesagt Bullen, wie er weiß. Auf einmal kriegt er einen Riesenschreck. Können die nicht auch gefährlich werden? Vor allem große Bullen?

»Papa, Papa«, brüllt er. »Bulle! Bulle!« Hektisch fuchtelt er mit den Armen in der Luft herum und zeigt auf das große Tier. Das starrt Papa nur an und scharrt plötzlich mit den Hufen.

Papa dreht sich um, schaut erst zu Julius zurück, blickt dann zur Seite auf den Bullen und erstarrt vor Schreck. Doch nicht lange. Denn im nächsten Moment senkt der Bulle die Hörner und stürmt auf Papa zu. Der schmeißt Paddel und Box weg und kommt, was das Zeug hält, zurückgerannt.

Gerade noch rechtzeitig kann Papa unter dem Stacheldraht hindurchhechten, während der Bulle eine Vollbremsung hinlegt.

»Puh, das war knapp«, murmelt Papa, als er wieder auf die Beine kommt. Einige Sekunden lang starren sich Julius, Papa und der Bulle an.

»Na, habt ihr Bruno geärgert?«, hören sie da eine Stimme hinter sich.

Julius und Papa drehen sich erschrocken um. Vor ihnen steht ein Mann und betrachtet sie schmunzelnd.

»B…Bruno?«, bringt Papa schließlich hervor.

»Ja, mein Bulle«, antwortet der Mann und zeigt auf Papas Verfolger, der nun wieder zurück auf die Wiese trabt.

»Oh«, meint Papa und wird rot. »Das ist Ihre Wiese? Tut mir leid, dass wir …, ähm, wir wollten nur …«

»Abkürzen. Ja, ich weiß«, antwortet der Mann. »Da seid ihr nicht die Ersten. Aber über eine Wiese mit Bullen zu spazieren ist keine gute Idee!«

»Ja, das war wirklich dumm«, antwortet Papa etwas verlegen. »Hätte ich gleich kapiert, dass es Bullen sind, hätte ich das natürlich nicht gemacht. Und mit den leuchtend roten Paddeln schon gar nicht. Jeder weiß ja, dass Stiere wütend werden, wenn sie Rot sehen.«

»Die Paddel hätten auch weiß oder gelb sein können oder sonst eine Farbe haben können«, erwidert der Mann. »Bullen oder Stiere, wie man auch sagt, sind absolut farbenblind. Die werden nur wütend, wenn man mit komischen Bewegungen vor ihnen herumfuchtelt. So wie Sie wahrscheinlich eben beim Paddeltragen. Mit der roten Farbe hat das nichts zu tun. Früher hat man bei Stierkämpfen immer rote Tücher benutzt, um die Tiere aufzuscheuchen. Daher stammt der Irrtum.«

Papa und Julius wissen erst gar nicht, was sie sagen sollen. Nicht nur wegen Bruno und der roten Farbe und weil Papa noch mal davongekommen ist. Sondern auch, weil der nette Mann ihnen dann anbietet, Paddel und Box zu holen und sie zusammen mit dem Kanu in seinem Geländewagen zum Fluss zu fahren. Und das ist selbst für einen schönen Sommertag so viel Glück, dass Julius es kaum fassen kann.

Piraten hatten eine Totenkopfflagge

»So, noch ein Nagel, dann ist die Lassedasse fertig«, verkündet Peter. Ein kräftiger Hammerschlag, und der letzte Nagel verschwindet im Fuß des Fahnenmastes.

Eine ganze Woche lang haben Natascha, Pia, Marie und Selina im Ferienlager mit ihrem Betreuer Peter gesägt, gebohrt, gehämmert und geschwitzt. Aber jetzt ist es geschafft: Ihr Floß, mit dem sie morgen an der großen Piratenregatta des Ferienlagers teilnehmen wollen, ist fertig. Dabei geht es einmal über den kleinen Badesee und wieder zurück. Den Siegern winkt ein Gratisausflug in den nahen Vergnügungspark mit Pommes, Eis und Limo.

Überglücklich stehen die Mädchen um das Floß herum und bewundern ihr Werk.

»Ich finde, unsere Lassedasse ist die Schönste«, sagt Natascha zufrieden. Kurz werfen sie einen Blick auf die Flöße der anderen Mannschaften, die schon fertig am Seeufer stehen.

»Aber mit Abstand«, stimmt Pia zu.

»Und am schnellsten ist sie auch, jede Wette!«, sagt Selina.

»Pah, aber bestimmt nicht mit euch kleinen Mädchen«, hören sie plötzlich einen großen Jungen sagen, der auf dem Weg zu seinem Floß hinter ihnen stehen geblieben ist. »Könnt ihr überhaupt geradeaus paddeln? Na, egal, wenn ihr uns in die Quere kommt, versenken wir euch eben. Wie heißt euer Ding da überhaupt? Piratenelfe Rosenfee?« Kichernd geht er weiter.

Wütend starren die Mädchen dem Jungen hinterher. Kaum bei seiner Gruppe angekommen, zeigt der Junge auf Selina und ihre Freundinnen. Die anderen Jungen gucken zu ihnen rüber und fangen an zu lachen.

»Blöde Blödmänner«, brummt Marie und streckt ihnen die Zunge raus.

»Kümmert euch nicht um die Angeber«, beruhigt Peter sie. »Denen werden wir es beim Wettkampf schon zeigen.«

»Aber versenken dürfen die uns doch nicht, oder?«, fragt Selina vorsichtshalber.

»Nein, natürlich nicht«, versichert Peter. »Rammen und andere vom Floß stoßen ist verboten! Nur mit Wasser spritzen ist erlaubt.«

»Etwa auch mit solchen Monsterwasserpistolen?«, fragt Pia und zeigt auf die Jungen. Die fuchteln mit riesigen Wasserpistolen herum und zielen damit zum Spaß in die Richtung der Mädchen.

Peter nickt. »Ja, nach den Regeln dürfen sie das. Heißt ja schließlich auch Piratenregatta. Aber keine Bange. Ihr habt ja mich dabei. Und eine Geheimwaffe.«

»Eine Geheimwaffe?«, fragt Selina. Gespannt gucken alle Peter an.

»Lasst euch überraschen«, antwortet er nur und zwinkert ihnen zu.

Am nächsten Morgen nach dem Frühstück ist es so weit. Das Ufer ist schon voller Zuschauer. Mit Schwimmwesten und Paddeln ausgestattet, stehen die Mannschaften neben ihren Flößen. Alle sind bereit, ihre Fahrzeuge ins Wasser zu schieben. Alle, bis auf Natascha, Pia, Marie und Selina, die noch auf Peter warten.

»Wo bleibt er nur?«, fragt Pia. Nervös sieht sie zu den Zeltreihen hinüber. Zum Glück taucht Peter im nächsten Augenblick auch schon aus dem Betreuerzelt auf. Mit hochrotem Kopf kommt er auf sie zugerannt. Er hat eine große blaue Plastikbox gegen den Bauch gedrückt, und auf dem Rücken trägt er einen Rucksack.

»Wisst ihr was?«, japst er, als er bei ihnen ist. »Wir haben unsere Piratenflagge vergessen!« Rasch stellt er die Box auf das Floß und streift den Rucksack ab.

Peter hat recht: Über allen anderen Flößen flattert eine selbst gemalte Totenkopfflagge im Wind. Verflixt, wie konnten sie das nur vergessen!? Nach den Regeln muss jedes Floß seine eigene Piratenflagge haben.

»Keine Bange«, tröstet Peter die Mädchen. Er holt ein rotes Handtuch, einen Hammer und zwei Nägel aus seinem Rucksack. Mit vier kräftigen Schlägen hämmert er das rote Tuch in Windeseile an den Fahnenmast.

»Das soll eine Piratenflagge sein?«, wundert sich Natascha. Auch die anderen sind skeptisch. Doch für Erklärungen bleibt keine Zeit. Denn die Flöße werden jetzt in Startposition gebracht. Mit klopfendem Herzen schieben die Mädchen ihre Lassedasse ins Wasser.

Wie vorher besprochen, gehen Natascha und Marie mit ihren Paddeln

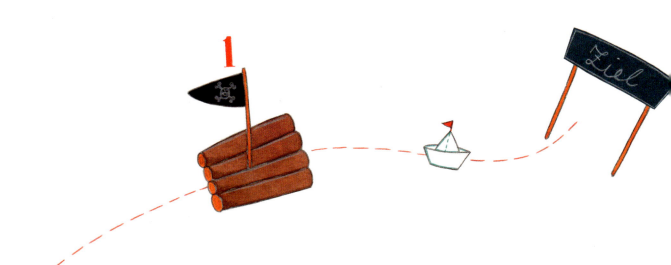

auf die linke und Pia und Selina auf die rechte Seite des Floßes. Peter steht hinten am Heck, um mit seinem Paddel das Floß zu lenken.

»Keine Angst«, sagt er. »Paddelt nur gleichmäßig im Takt, wie wir es geübt haben. Um den Rest kümmere ich mich.«

Und dann ertönt der Startschuss.

Zuerst sind alle anderen schneller. Dann jedoch kommen die Mädchen in den richtigen Rhythmus. Während die anderen die meiste Zeit wild durcheinander paddeln und im Zickzack fahren, überholt die Lassedasse ein Floß nach dem anderen. Hin und wieder werden Selina und die Mädchen dabei mit jeder Menge Wasser bespritzt, aber das kann sie nicht aufhalten.

Dann haben sie die andere Seite des Sees erreicht und machen sich auf den Rückweg. Jetzt haben sie nur noch das Floß mit den blöden Angebern vor sich.

»Los, Endspurt«, ruft Peter, als sie zum Überholen ansetzen. Sie sind schon fast vorbei, als es passiert. Einer der Jungen ist so wütend, dass er Natascha das Paddel aus der Hand stößt. Erschrocken gucken Natascha, Pia, Marie und Selina zu, wie das Paddel davontreibt. Alle bis auf Peter! Der hat blitzschnell die blaue Box geöffnet. Ein Griff, ein Wurf, und ein roter, mit Wasser gefüllter Luftballon saust auf das andere Floß zu. Mit einem Knall zerplatzt er dort am Fahnenmast. Wasser spritzt in alle Richtungen. Erschrocken machen die Jungen einen Satz zur Seite, und zwei von ihnen fliegen mit einem lauten Platscher ins Wasser. Peters Geheimwaffe ist ein Volltreffer!

Die Besatzung der Lassedasse gibt noch einmal alles, und dann ist es geschafft. Sie sind im Ziel! Als Sieger!

Jubelnd werden Pia, Natascha, Marie und Selina am Ufer von den Zuschauern begrüßt. Sie stoßen gerade mit Apfelsaft auf ihren Sieg an, als der Junge von gestern auftaucht.

»Mit dieser albernen Fahne hättet ihr gar nicht mitmachen dürfen«, schimpft er. »Das ist keine Piratenfahne, die hat ja noch nicht mal einen Totenkopf vornedrauf. Eigentlich haben wir gewonnen.«

»Denkste«, erwidert Peter gelassen. »Zum einen seid ihr wegen der Sache mit dem Paddel sowieso raus. Und zum anderen kann man überall nachlesen, dass Piratenkapitäne in Wirklichkeit die unterschiedlichsten Flaggen hatten. Schwarze mit und ohne Totenkopf und auch rote, so wie unsere. Nur in Filmen haben die Piraten immer eine Totenkopfflagge.«

»Pah, und was soll das Rot bedeuten?«, fragt der Junge patzig.

»Es bedeutet Vorsicht, Schlaumeier!«, knurrt Pia.

»Keine Gnade!«, ruft Marie.

»Kampf bis zum Letzten!«, faucht Natascha grimmig.

»Blut!«, flüstert Marie. Wütend starrt sie den Jungen aus zusammengekniffenen Augen an.

Der wird knallrot, dreht sich um und tritt rasch den Rückzug an.

»Also, ich denke, er hat's kapiert, was?«, meint Peter, und dann müssen alle lachen.

Bakterien sind ungesund

»Hier, für dich, Berta«, sagt Mathilda und wirft eine alte Runkelrübe in den Pferch. Staunend beobachtet Mathilda, wie Berta blitzschnell auf ihre stämmigen Beinchen springt und fast so elegant wie Mathildas Ballettlehrerin lostrippelt. Nur dass die natürlich keine Runkelrüben mag. Was genau genommen auch kein Wunder ist, da Frau Hallgruber im Gegensatz zu Berta ja kein Schwein ist.

Allerdings ist Berta nicht irgendein Schwein. Mit ihren klugen, sanften Augen, den keck nach vorne zeigenden Knickohren und dem niedlichen Ringelschwänzchen ist Berta eine wahre Schweineschönheit. Eine berühmte sogar, denn sie hat schon viele Wettbewerbe gewonnen und ist damit – gleich nach Oma – Opas ganzer Stolz.

Mathildas Großeltern leben nicht in der Stadt, sondern zusammen mit Hühnern, Kühen, Katzen und Berta auf einem großen Bauernhof. Im Kindergarten sind gerade Sommerferien, und so sind Mama und Mathilda für ein paar Tage zu Oma und Opa gefahren. Leider ohne Papa, denn der muss arbeiten.

Mathilda staunt. Berta hat die Rübe in null Komma nichts verputzt und kommt jetzt zu Mathilda an die Pferchumrandung. Dort bleibt sie stehen.

»Ooing! Ooing!«, macht Berta und guckt Mathilda mit ihren hübschen Schweineaugen erwartungsvoll an.

»Du musst ja ganz schön Hunger haben, was?«, sagt Mathilda und überlegt, was sie machen soll. Opa hat ihr erlaubt, Berta ab und zu mal eine Rübe zu geben. Dann können jetzt ein paar mehr doch nicht schaden. Vor allem bei Bertas Mordsappetit.

»Warte, ich bin gleich wieder da«, sagt sie zu Berta und flitzt zur Rübenkiste. Aber abgesehen von vier mickrigen Schrumpelrüben ist die Kiste leer. Na ja, die werden wohl reichen, denkt Mathilda.

Aber kaum hat Mathilda die Rüben in den Pferch geworfen, fällt Berta gierig darüber her und verschlingt alles in Windeseile.

»Ooing! Ooing!«, ertönt es gleich darauf schon wieder. Jetzt hat Mathilda keinen Zweifel mehr. Das muss auf Schweinisch so etwas wie »Hilfe, armes Schwein hat schrecklich Hunger!« heißen. Ob Opa wohl vergessen hat, sie zu füttern?

Ratlos blickt sie sich im Stall um. Da fällt ihr Blick auf einen offenen Sack, der neben der Stalltür steht. Und dann fällt es ihr wieder ein. Daraus hat Opa doch gestern so ein komisches Krümelfutter für Berta geholt! Als sie in den Sack schaut, entdeckt sie einen kleinen Plastikeimer. Mit dem hat Opa das Futter in Bertas Trog

geschüttet. Also füllt Mathilda den Eimer mit Futter und kehrt zu Berta zurück. Doch dann gibt es ein Problem. Für Mathildas kurze Arme ist der Trog etwas zu weit weg, um das Futter einfach so über die Umrandung hineinzukippen. Kurz entschlossen stellt Mathilda den Eimer auf dem Rand ab und klettert in den Pferch hinüber. Angst vor Berta hat sie natürlich nicht die Spur. Dafür sieht Berta viel zu lieb aus, und außerdem scheint sie vor Freude ganz aus dem Häuschen zu sein. Mit einem fröhlichen »Ooing! Ooing!« blinzelt sie zum Eimer hinauf und lässt eifrig das kleine Ringelschwänzchen wackeln.

Zum Glück muss Berta nicht lange warten. Rasch kippt Mathilda das Futter in den Trog. Mit einem Riesenappetit macht sich Berta über das Futter her, und im Handumdrehen ist alles weg.

Berta hat von Opa bestimmt schon länger nichts bekommen, denkt Mathilda. Also macht sie sich wieder auf, um den nächsten Eimer zu holen. Und dann den nächsten, und den nächsten, und den nächsten … Denn Berta frisst weiter wie ein Scheunendrescher.

Mathilda ist so beschäftigt, dass sie nicht einmal merkt, dass sie ihre Beine mit stinkendem Schweinemist beschmiert hat. Bald weiß sie gar nicht mehr, wie viele Eimer sie schon geschleppt hat. So viele sind es inzwischen.

Im Stall ist es drückend warm, und langsam wird Mathilda ganz schön müde. Mit hochrotem Kopf schleppt sie gerade wieder einen Eimer heran, als ihr etwas auffällt. Berta gibt keinen Mucks mehr von sich. Im Pferch ist es ganz still.

Erschrocken lässt Mathilda den Eimer fallen und rennt zu Berta. Die liegt mit dick aufgeblähtem Bauch schwer schnaufend am Boden und kann sich nicht mehr rühren.

Ängstlich flitzt Mathilda los und holt Opa zu Hilfe.

»Ach, du meine Güte«, sagt Opa, als sie beide wenig später vor dem Pferch stehen. »Sieht ja aus, als ob sich Berta überfressen hat. Hast du ihr etwa zu viel Futter gegeben?«

Erst traut sich Mathilda nicht so recht, aber dann erzählt sie Opa, was passiert ist.

»Tja«, meint Opa dann. »Ich hätte wohl sagen sollen, dass Hausschweine oft nicht spüren, wann sie satt sind. Sie fressen dann bis zum Umfallen weiter. Ich kühle Berta erst mal mit dem Wasserschlauch. Lauf du zu Oma. Die soll den Tierarzt rufen.«

Kurz darauf ist der Tierarzt auch schon da. Aufgeregt gucken Opa und Mathilda zu, wie der Tierarzt in den Pferch klettert und Berta eine Spritze gibt.

»Keine Sorge«, sagt er dann zu Mathilda, die ganz ängstlich hinter dem Pferch steht. »Berta geht es bald wieder besser.«

»Was ist denn hier los?«, hört Mathilda plötzlich Mamas Stimme.

Mathilda dreht sich um. Mama ist vom Spaziergang zurück. Entsetzt starrt sie Mathilda an. »Himmel, wie siehst du denn aus?«, sagt sie und zeigt auf Mathildas verschmierte Beine.

Rasch erzählt Opa, was passiert ist.

»Mensch, so ein Schwein kann doch auch mal zubeißen, Mathilda«, ruft Mama, als Opa fertig ist. »Und erst die Bakterien, die in einem solchen Stall umherschwirren! Die sind doch so was von ungesund!«, fügt Mama noch hinzu. Hilfe suchend schaut sie zum Tierarzt.

»Also, was das Beißen anbelangt, hat deine Mama recht, Mathilda«, erwidert der Arzt. »Auch ein Schwein kann mal einen schlechten Tag haben und böse werden. Für Kinder ist es deshalb keine gute Idee, in einen Schweinepferch zu klettern. Aber Bakterien sind eher gesund und nützlich – jedenfalls die meisten.«

Mama, Opa und Mathilda schauen ihn ganz verblüfft an.

»Im menschlichen Körper leben Tausende von Bakterienarten«, fährt der Arzt darauf lächelnd fort. »Ohne die würden wir gar nicht auskommen. Einige produzieren im Darm gesunde Vitamine für uns. Andere bringen unser Abwehrsystem auf Trab. Kinder, die auf dem Land leben und dort häufig mit natürlichem Dreck und Bakterien in Kontakt kommen, werden zum Beispiel nicht so häufig krank wie Stadtkinder, die in blitzblank geputzten Umgebungen wohnen. Und Allergien bekommen sie auch nicht so häufig. Ohne Bakterien könnte man außerdem keine Nahrungsmittel wie Käse oder Joghurt herstellen. Bakterien sind also enorm nützlich, und nur ganz wenige sind schädlich.«

»Siehst du, Mama«, sagt Mathilda erleichtert. Sie läuft zu Mama hinüber und kuschelt sich an sie. »Dreck und Bakterien sind gar nicht schlimm!«

»Hm, kann schon sein«, meint Mama und rümpft die Nase. »Aber einen Nachteil haben diese Bakterien in dem Fall doch.«

Gespannt guckt Mathilda zu ihr hoch.

»Sie stinken!«, sagt Mama lächelnd. »Und zwar ganz erbärmlich.«

Und dagegen kann selbst der Tierarzt nichts mehr sagen.

Ketchup kommt aus Amerika

»Tja, das sieht leider schlecht aus, Basti«, sagt Papa. Gerade eben hat er noch Bastians Punkte zusammengezählt. »Wenn du gewinnen willst, brauchst du einen Kniffel.«

»Das sind fünf gleiche Würfelzahlen«, fügt Mama vorsichtshalber hinzu. Denn Bastian hat das Würfelspiel erst ein paarmal gespielt, und manchmal schwirrt ihm vor lauter Full House, Großen und Kleinen Straßen oder wie die Würfe sonst noch alle heißen ganz schön der Kopf.

»Das schaff ich«, ruft Bastian. Entschlossen greift er zum Würfelbecher.

»Träum weiter«, schnaubt sein großer Bruder Fin.

Aber Bastian ist so bei der Sache, dass er gar nicht auf Fin achtet. Er muss unbedingt gewinnen. Gleich wird sich entscheiden, wer an diesem Ferientag König sein darf und aussucht, was sie heute zusammen machen.

Deswegen schüttelt Bastian den Würfelbecher extra lange und setzt ihn auch noch mal ab, um kräftig auf die Würfel zu pusten. Das hat er bei Mama so gesehen, und die hatte danach immerhin vier gleiche Würfel. Um ganz sicher fünf zu kriegen, pustet Bastian gleich noch

ein zweites Mal. So stark diesmal, dass ein wenig Spucke mitfliegt.

»Raufrotzen hilft auch nichts«, sagt Fin, der daraufhin einen strafenden Blick von Mama und Papa kassiert.

Doch das kriegt Bastian gar nicht mit. Mit zusammengekniffenen Augen schüttelt er noch einmal ganz fest den Würfelbecher und lässt ihn dann auf den Tisch knallen. Langsam hebt Bastian den Becher an. Seine Augen hält er lieber noch geschlossen.

»O nein!«, stöhnt Fin.

»Wow!«, sagt Mama.

»Donnerwetter!«, ruft Papa.

Vorsichtig macht Bastian ein Auge auf. Und gleich darauf auch das andere. Er kann es kaum fassen: fünf Sechsen! Er hat gewonnen! Er ist König!

»Und was geruhen Majestät heute mit uns zu unternehmen?«, fragt Papa.

Bastian muss kichern, weil sich das so komisch anhört und er vor Freude platzen könnte.

Er hat auch schon eine Idee, was er machen möchte. Mama hat jede Menge bunte Prospekte von Orten gesammelt, zu denen man während der Ferien fahren kann. Und eine Sache war ganz besonders toll.

»Ich möchte in den Eselpark«, sagt Bastian. »Da kann man sogar auf Eseln reiten und mit Kutschen fahren. Und einen Streichelzoo und eine Pommesbude haben die auch!«

»Eselpark? Streichelzoo? Ich glaub, ich muss gleich ko…«, beginnt sein Bruder.

»Fin!«, mahnt Mama ihren Sohn gerade noch rechtzeitig, bevor er das schlimme K-Wort ganz aussprechen kann.

»Ich mein ja nur«, brummt Fin. »Eselpark!!! Wie öde ist das denn!?«

Aber dann erinnern Mama und Papa ihn daran, dass er vorgestern König war und alle mit ihm in einem Kinofilm waren, den außer Fin niemand toll fand. Dagegen kann selbst Fin nichts sagen, und so fahren Mama, Papa, Fin und Bastian wenig später zum Eselpark.

Dort verbringen sie fast den ganzen Tag. Sie machen beim Eselreiten mit, bestaunen Eselfohlen im Streichelzoo, nehmen an einer Schnitzeljagd in einem riesigen Maislabyrinth teil, und zwischendurch gibt's natürlich Eis und Pommes. Alle amüsieren sich – selbst Fin, der am Ende zugeben muss, dass Bastians Idee gar nicht so schlecht war.

Etwas müde und erschöpft steigt die Familie schließlich wieder ins Auto, um nach Hause zu fahren.

»Nun, Majestät?«, sagt Papa und dreht sich zu Bastian auf dem Rück-sitz um. »Die königliche Schatzkammer ist noch voll genug, dass Sie sich wie Ihr Vorgänger König Fin noch einen Restaurantbesuch erlauben können. Wie lautet Ihr Wunsch?«

Da muss Bastian nicht lange überlegen. Er möchte unbedingt zum Chinesen, und das halten diesmal alle für eine super Idee.

Eine halbe Stunde später sitzen Bastian, Fin, Mama und Papa im Chinarestaurant. Und wie es aussieht, scheint heute Bastians absoluter Glückstag zu sein. Sie sitzen sogar an seinem Lieblingstisch: direkt neben dem riesigen Aquarium mit den leuchtend bunten Fischen.

Erst einmal schauen alle in die Speisekarten. Alle bis auf Bastian, der, abgesehen davon, dass er noch nicht lesen kann, sowieso weiß, was er will: eine Frühlingsrolle vorweg und danach Nasigoreng. Gebratenen Reis isst er für sein Leben gern.

Dann haben sich auch die anderen etwas zu essen ausgesucht, und die Frau vom Restaurant nimmt ihre Bestellung auf. Gerade will sie wieder gehen, als Bastian eine supertolle Idee hat.

»Kann ich noch Ketchup für die Frühlingsrolle haben?«, fragt er.

»Aber das schmeckt doch überhaupt nicht!«, rutscht es Papa heraus. Er ist ziemlich geschockt, denn Ketchup kann er absolut nicht ausstehen.

Die nette chinesische Bedienung hat damit zum Glück überhaupt kein Problem. »Klar«, sagt sie lächelnd. »Ist okay. Ketchup kommt ja ursprüng-lich auch aus China!«

Verblüfft gucken ihr alle hinterher.

»Ketchup? Aus China?«, staunt Mama.

»Ob sie uns veräppeln will?«, flüstert Fin. »Ketchup kommt doch aus Amerika. Das weiß jeder.«

87

»Bestimmt wollte sie nur nett sein und hat sich das schnell ausgedacht«, sagt Papa. Aber ganz sicher ist er sich auch nicht.

Als das Essen kommt, stellt Bastian fest, dass Ketchup mit Frühlingsrolle doch nicht ganz so lecker ist, und so ist die Ketchup-Frage bald vergessen. Jedenfalls erst einmal. Denn kaum sind Mama, Papa, Fin und Bastian wieder zu Hause, verschwindet Papa auch schon mit einem »Muss mal kurz was nachsehen« in seinem Arbeitszimmer.

Wenige Minuten später kommt Papa ins Wohnzimmer, wo es sich Mama, Fin und Bastian gerade gemütlich gemacht haben. »An dem Ketchup aus China ist tatsächlich was dran«, sagt er. »Ich hab dazu etwas im Internet gefunden. Es gibt mehrere Theorien, woher das Wort Ketchup kommt. Aller Wahrscheinlichkeit nach gab es vor vielen Hundert Jahren in China eine beliebte Würzsoße aus vergorenen Fischen, die Kê-tsiap genannt wurde. Das Rezept dafür gelangte über England nach Nordamerika und wurde nach und nach verändert.

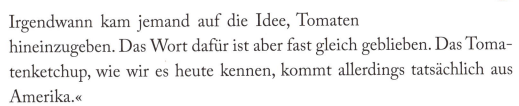

Irgendwann kam jemand auf die Idee, Tomaten hineinzugeben. Das Wort dafür ist aber fast gleich geblieben. Das Tomatenketchup, wie wir es heute kennen, kommt allerdings tatsächlich aus Amerika.«

»Bäh«, macht Fin. Angeekelt verzieht er das Gesicht. »Vergorene Fische! Da sind mir Tomaten echt lieber.« Und da sind sich alle einig. Selbst Papa, der Ketchup doch eigentlich gar nicht leiden kann.

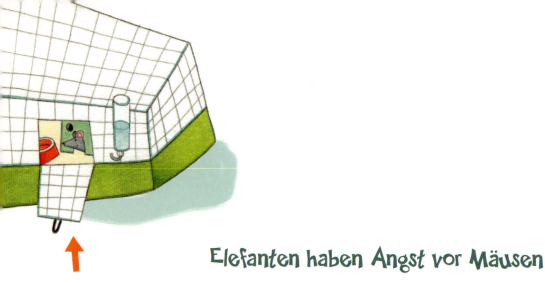

Elefanten haben Angst vor Mäusen

»Verflixt!«, schimpft Felix. Er guckt nervös auf die Uhr. Schon halb acht! Irgendwie scheint heute Morgen alles schiefzulaufen. Erst wollen seine Haare nicht so wie er und stehen trotz Tonnen von Gel immer noch albern hoch. Und dann hat er eine Ewigkeit nach seinem Lieblings-T-Shirt mit dem Löwen gesucht, das er unbedingt zum Kindergartenausflug in den Zoo anziehen will.

»Felix! Wo bleibst du denn!«, ruft Mama aus der Küche.

»Ich komm ja schon!«, brüllt Felix. Rasch schnappt er sich den Rucksack mit dem Butterkeks- und Gummibärenproviant vom Teppichboden und flitzt zur Zimmertür. Plötzlich bleibt er wie erstarrt stehen.

So ein Mist! Er hat ja ganz vergessen, Herrn Lehmann und Herrn Bödefeldt zu füttern, seine beiden Mäuse. Also lässt Felix den Rucksack wieder fallen, stürzt zurück ins Zimmer und schnappt sich die Schachtel mit dem Mäusetrockenfutter.

Glück gehabt! Da ist noch genug drin! Bei seinem Pech heute hätte er sich auch nicht gewundert, wenn sie leer gewesen wäre.

Als Felix dann die Futterschale aus dem Käfig nehmen will, stellt er fest, dass er sich wohl zu früh gefreut hat. Fassungslos starrt er auf die offene Käfigtür. Er hat vergessen, sie zuzumachen! Hastig durchstöbert er sämtliche im Käfig verteilten Stroh- und Stoffhaufen, die groß genug für ein kuscheliges Mäusenest wären. Doch alle sind leer. Als er schließlich auch noch das Häuschen anhebt, blinzeln ihm immerhin die neugierigen Äuglein von Herrn Bödefeldt entgegen. Der immer unternehmungslustige Herr Lehmann jedoch ist und bleibt verschwunden.

»Felix!«, hört er Mama gleich darauf wieder.

»Ich komme«, schreit Felix. Schnell schüttet er Trockenfutter in die Schüssel, stellt sie neben das Häuschen und schließt die Käfigtür. Ein kurzes Rütteln, ob sie auch wirklich zu ist, ein Griff zum Rucksack, und Felix flitzt aus dem Zimmer.

»Na endlich! Weißt du eigentlich, wie …«, beginnt Mama, als Felix mit hochrotem Kopf in die Küche gestürmt kommt.

»Mama! Mama!«, unterbricht er sie aufgeregt. »Herr Lehmann ist weg!«

»Wie weg?«, fragt Mama irritiert.

»Na ja, weg wie verschwunden! Er ist nicht mehr im Käfig!«, sprudelt es aus Felix hervor.

»Da sich Mäuse nicht in Luft auflösen, wage ich doch mal die Vermutung, dass du gestern Abend wieder vergessen hast, die Käfigtür ordentlich zuzumachen, oder?«, hakt Mama nach.

»Hm«, brummt Felix nur.

»Na, ist jetzt ja auch egal«, meint Mama und seufzt. »Wir sind echt spät dran. Du kannst noch schnell deinen Kakao trinken. Die Stulle, die ich dir geschmiert habe, isst du am besten im Auto. Herrn Lehmann suchen wir heute Abend. Er muss ja irgendwo hier sein.«

Nachdem Felix dann schnell seinen Kakao hinuntergestürzt hat, fährt Mama ihn im Rekordtempo zum Kindergarten.

Felix verabschiedet sich noch schnell von Mama und steigt dann in den Bus, der bereits auf dem Parkplatz wartet.

Obwohl der Tag mit Katastrophenfrisur und dem verschwundenen Herrn Lehmann richtig mies angefangen hat, ist nach kurzer Zeit alles vergessen. Denn im Zoo gibt es so viel zu bestaunen, dass die Zeit wie im Flug vergeht. Felix weiß gar nicht, wo er zuerst hingucken soll. Nur der Streichelzoo ist ziemlich öde. Öde jedenfalls für ihn und die meisten anderen Jungs. Die Mädchen aber stürzen sich mit solcher Begeisterung auf die Kaninchen und Meerschwein-

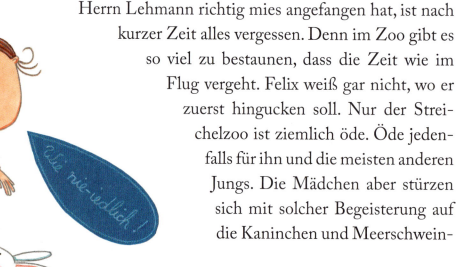

»Wie nie-iedlich!«

chen, dass die Tiere einem fast schon leidtun können. Erst recht das dicke weiße Kaninchen, dem Caroline mit quietschig schriller Stimme »Wie nie-iedlich!« ins lange Ohr brüllt.

Eigentlich findet Felix Caroline ja ziemlich nett. Doch was zu viel ist, ist zu viel. »Wie nie-iedlich«, platzt es mit Mickymausstimme aus ihm raus. Sein bester Freund Leon verschluckt sich vor Lachen fast an seinem Butterbrot.

Caroline wird knallrot, und Felix hat sofort ein schlechtes Gewissen. Doch dann geht's auch schon weiter zum Elefantenhaus. Dort wartet nämlich ein richtiger Tierpfleger auf sie. Der heißt Norbert und wird ihnen alles über Elefanten erzählen. Als Erstes geht es in die großen Ställe, in denen die Tiere nachts schlafen.

Leider stellt sich heraus, dass fast alle Ställe leer sind, weil sich die Elefanten im Außengehege aufhalten. Alle, bis auf einen.

»Das ist Fridolin«, erklärt Norbert. Er zeigt auf einen kleineren Elefanten, der in einer Box steht und neugierig den Rüssel über die Brüstung streckt. »Er war krank und muss deshalb noch ein wenig im Stall bleiben.«

»Wie niedlich«, flüstert da plötzlich jemand neben Felix. Caroline!

»Hm«, brummt Felix zustimmend. Er überlegt krampfhaft, wie er alles wiedergutmachen kann. »Willst du auch einen Keks?«, fragt er schließlich und blickt vorsichtig zur Seite.

Als Caroline nickt, nimmt Felix erleichtert den Rucksack ab und holt die Butterkekse raus. Da Felix richtig nett sein will, drückt er Caroline gleich die ganze Packung mit einem verlegenen »Bitte« in die Hand.

Und dann geht alles rasend schnell. Caroline fummelt an der Packung. Plötzlich taucht die spitze Mäusenase von Herrn Lehmann aus der Öffnung auf. Felix glotzt. Caroline glotzt. Herr Lehmann glotzt. Caroline schreit. Vor Schreck schleudert sie die Packung von sich. Die Packung und Herr Lehmann segeln in hohem Bogen über die Brüstung. Direkt vor Fridolins Füße.

Der Elefant schreckt zurück und fängt aufgeregt an zu trompeten. Doch nach dem ersten Schreck beruhigt sich das Tier wieder und nähert sich vorsichtig. Besonders für Herrn Lehmann scheint es sich zu interes-

sieren. Gespannt gucken alle Kinder zu, wie der kleine Elefant die Maus behutsam mit seinem Rüssel beschnüffelt und betastet.

»Und ich dachte, Elefanten haben Angst vor Mäusen«, sagt ihre Erzieherin Frau Markwart überrascht.

»Nee«, sagt Norbert. »Außer uns Menschen und großen Raubkatzen haben Elefanten keine natürlichen Feinde. Deshalb haben sie auch keine Angst vor Mäusen. Das haben Experimente bewiesen. Aber die Vorstellung, dass sich so ein Riese vor einer winzigen Maus fürchtet, ist eben ziemlich witzig. Deshalb hält sich das Märchen so hartnäckig.« Dann aber runzelt Norbert die Stirn und guckt die Gruppe streng an.

»So«, meint er. »Und wer war das nun mit der Maus? Ich warte auf eine Erklärung!«

Kleinlaut meldet sich Felix und erklärt, dass das keine Absicht war. Denn wahrscheinlich war der Reißverschluss des Rucksacks nicht ganz zu, und Herr Lehmann ist einfach hineingeklettert.

Als Herr Lehmann dank Norbert wieder sicher im Rucksack ist, macht Felix natürlich auch bei Caroline alles wieder gut. Diesmal aber mit Gummibärchen und nicht mit Keksen. Sicher ist sicher!

Beim Schielen können die Augen stehen bleiben

Stolz betrachtet Philipp sein Minikatapult. Eine ganze Woche lang hat er gesägt, gebohrt, geschraubt und geleimt. Manchmal hat ihm Mama etwas geholfen, aber das meiste hat er ganz alleine gemacht. Und nun ist es endlich so weit: Das Katapult ist bereit zum ersten Probeschuss!

Feierlich spuckt Philipp sein Kaugummi aus und formt es zu einer Kugel. Zu einer Riesenkugel, um genau zu sein. Ganze vier Streifen Kaugummi hat er sich dafür in den Mund geschoben.

Vorsichtig legt Philipp die Kugel in die leere Teelichthülle, die am Ende des Katapultarmes angebracht ist. Sein Ziel, ein riesiger Turm aus Lego, ist natürlich längst in Position.

Aufgeregt drückt Philipp den Katapultarm, sodass sich das Gummiband am anderen Ende fast bis zum Zerreißen spannt. Jetzt ist es so weit! Mit klopfendem Herzen kneift Philipp ein Auge zu, peilt das Ziel an und lässt los.

Wusch!

Der Katapultarm saust nach vorne, und die Kaugummikugel schießt in hohem Bogen durch die Luft. Doch leider am Turm vorbei.

»Ähhhh, ihhhgitt!«, hört Philipp im selben Augenblick jemanden kreischen.

Erschrocken guckt Philipp hoch. Hinter dem Turm ist auf einmal seine
große Schwester Kira an der offenen Tür aufgetaucht. Das Kaugummi ist
erst auf Kiras Brille geklatscht und dann vor ihren Füßen gelandet. Mit
offenem Mund betrachtet Philipp die nun platte Kaugummikugel.

»Bäh, du bist so ein altes Ferkel«, schimpft Kira. Wütend guckt sie
ihren Bruder durch ihr verschmiertes Brillenglas an.

Nur mit großer Mühe kann Philipp sich ein Grinsen verkneifen.
Erstens, weil Kira dabei so komisch aussieht, und zweitens, weil er sich
eigentlich ganz schön freut, dass das Katapult so toll funktioniert. Aber er
will Kira lieber nicht noch mehr ärgern.

»Ähm, tut mir echt leid«, sagt Philipp daher. »Soll ich deine Brille
sauber machen?«

»Damit du sie mir noch mehr verschmierst?
Nee, danke!«, brummt Kira, nun schon wieder

... Ferkel!

etwas besänftigt. »Aber wir
haben Mama versprochen, die
Küche aufzuräumen. Und wir haben
nur noch eine halbe Stunde, bis sie von der Arbeit kommt. Also los!«

Verflixt! Das hat Philipp ja ganz vergessen. Schnell klaubt er das Kaugummi vom Boden auf, folgt Kira in die Küche und entsorgt das klebrige
Ding im Mülleimer. Die Spülmaschine arbeitet noch auf vollen Touren.

Der Herd ist über und über mit verkrusteten Bolognesesoße-Spritzern vom aufgewärmten Mittagessen überzogen, und der Fußboden sieht keine Spur besser aus.

»Na gut«, seufzt Kira schließlich. »Herd oder Fußboden? Du kannst wählen!«

Tolle Wahl!, denkt Philipp Am Ende entscheidet er sich aber lieber für den Herd.

Kira schaltet noch das Radio ein, und dann kann es losgehen.

Nach zwanzig Minuten schrubben, wischen und schwitzen ist es tatsächlich geschafft. Jedenfalls fast.

»So, die Spülmaschine ist auch fertig«, stellt Kira zufrieden fest. Sie wringt ein letztes Mal den Aufnehmer über dem Wischwassereimer aus, während Philipp noch mal mit einem feuchten Lappen über den Herd geht. »Du kannst ausräumen«, sagt Kira.

»Warum immer ich?«, protestiert Philipp. Viel lieber möchte er mit seinem Katapult spielen. »Kommt nicht in die Tüte. Mach du das doch!«

»Okay, wie wär's mit *Sching, Schang, Schong*?«, schlägt Kira vor. »Der Verlierer räumt aus.«

Doch auf *Sching, Schang, Schong* hat Philipp keine Lust. Meistens gewinnt da sowieso Kira. Aber er muss nicht lange überlegen. »Wir machen ein Glotzduell!«, sagt er und grinst. Das machen sie manchmal im Kindergarten, und darin ist er supergut.

»Ein Glotzduell?«, fragt Kira verblüfft.

»Ja, wir glotzen uns an, und wer zuerst blinzelt, wegguckt, was sagt, grinst oder lacht, hat verloren.«

»Das ist alles?«, fragt Kira.

»Das ist alles!«, bestätigt Philipp.

»Ist doch babyeierleicht!«, schnaubt Kira verächtlich. »Na gut, meinetwegen.«

Und so stellen sich Philipp und Kira dicht voreinander auf und fangen an, einander starr in die Augen zu glotzen.

Schon nach ein paar Sekunden merkt Kira, dass das Ganze doch nicht so babyeierleicht ist. Denn es ist echt superschwer, nicht zu blinzeln, wenn man eben genau das nicht tun darf. Und dasselbe gilt fürs Lachen und Grinsen. Während Kira so in Philipps Augen starrt, hat sie plötzlich das Gefühl, dass sie jeden Moment vor Lachen platzen könnte. Verzweifelt presst sie ihre Lippen aufeinander.

»He, was macht ihr denn da?«, hören Philipp und Kira plötzlich Mamas Stimme.

Erschrocken zucken sie zusammen. Wegen der Radiomusik haben sie Mama gar nicht gehört. Aber keiner von beiden will verlieren, und so starren sie einfach weiter. Aus den Augenwinkeln sehen sie, dass Mama jetzt neben ihnen steht.

Zeit für meine Geheimwaffe, denkt Philipp und fängt an, heftig zu schielen.

Das scheint zu wirken. Denn Kira bläst die Backen auf, wird knallrot und presst die Lippen noch fester zusammen.

»Hallo? Redet mal jemand mit mir?«, fragt Mama.

»O Gott, Philipp, schiel doch nicht so! Was, wenn deine Augen stehen bleiben?«

Jetzt hat Philipp fast gewonnen. Er beginnt noch zusätzlich mit den Ohren zu wackeln.

Das ist zu viel für Kira. Prustend lässt sie sich auf einen Küchenstuhl plumpsen, und auch Philipp kann sich nun nicht mehr halten.

»Gewonnen!«, gluckst Philipp. Er klatscht sich mit der kichernden Kira ab.

Mama guckt immer noch verwirrt, und Philipp und Kira erzählen, was sie da gemacht haben.

»Aber Schielen ist nicht witzig«, sagt Mama schließlich. »Davon können die Augen stehen bleiben.«

»Ach, Mama«, sagt Philipp. »Das stimmt doch gar nicht. Davor hatte Lisa neulich im Kindergarten auch Angst, als wir einen Grimassenwettbewerb gemacht haben. Doch Frau Meyer hat uns dann erklärt, dass Schielen völlig ungefährlich ist. Und die muss es wissen, weil ihr Mann nämlich Augenarzt ist.« Wie zum Beweis fängt er wieder an zu schielen und will einmal um den Küchentisch flitzen. Doch daraus wird nichts. Denn gleich darauf streift er Kiras Wischeimer. Der kippt polternd um, und im nächsten Augenblick stehen auch schon alle mit nassen Füßen im dreckigen Wischwasser.

»Soso, völlig ungefährlich also«, sagt Mama. Sie streicht Philipp über den Kopf. Und dann fangen alle an zu lachen.

Indianer hatten schon immer Pferde

Gregor wirft einen Blick aus dem Fenster. Draußen sieht alles prima aus. Von Sonne keine Spur, und der Regen prasselt so laut gegen die Scheibe, dass einem fast Hören und Sehen vergeht. Beste Bedingungen also für einen Eins-a-Filmnachmittag bei seinem Freund Leonid.

Wenn alles klappt, können Gregor und Leonid ihren Film in Ruhe gucken, bevor Leonids Eltern von der Arbeit nach Hause kommen. Aufgeregt wirft Gregor einen Blick auf die DVD in seiner Hand, bevor er sie dann lieber rasch in seinem Rucksack verschwinden lässt. Denn der Film darauf ist so unvorstellbar granatenmäßig, dass er natürlich für Ältere ist. Das hat jedenfalls sein Freund Kalle gesagt, der ihm die DVD geliehen hat. Da kämpfen nämlich Wikinger gegen Indianer, weil die einen Wikingerjungen entführt haben. Wikinger gegen Indianer! Das muss man sich mal vorstellen! Und dabei soll ganz schön viel Blut fließen. Was die beiden natürlich nicht schocken kann. Zum einen ist das in Wahrheit ja nur Ketchup, und zum anderen sind er und Leonid keine Babys mehr.

Plötzlich klopft es an Gregors Zimmertür, und Mama lugt herein. Sie hat ihren Mantel übergestreift und ganz rote Wangen. Gregor ahnt nichts Gutes.

»Ich muss schnell los«, sagt Mama. »Das Krankenhaus hat angerufen. Eine Kollegin ist krank geworden, und ich muss bei einer OP aushelfen.«

Mama ist Krankenschwester und hilft den Ärzten bei OPs. Und dieses *OP* kann Gregor manchmal schon gar nicht mehr hören. Eigentlich ist es die Abkürzung für *Operation*. Aber für ihn könnte es manchmal genauso gut auch »*Oje, Paul!*« heißen. Weil Mama dann plötzlich wegmuss und er ...

»Passt du auf Paul auf?«, fragt Mama ihn.

Na bitte!, denkt Gregor und stößt einen tiefen Seufzer aus. »Aber ich wollte zu Leonid und einen Indianerfilm gucken«, versucht er noch einmal sein Glück. »Pocahontas! Disney!«, fügt er blitzschnell hinzu, als er sieht, dass Mama beim Wort Indianerfilm misstrauisch die Augenbrauen hochzieht.

»Das ist doch prima!«, sagt Mama zu seiner Überraschung. »Den darf Paul auch sehen. Ruf Leonid doch an und frag ihn, ob er herkommt.«

Damit ist die Sache für Mama erledigt. Allerdings nicht für Gregor. Verflixt, denkt er. Dass Paul mitguckt, kommt natürlich gar nicht in die Tüte. Paul verplappert sich bestimmt, und wenn Mama von der Sache mit der DVD erfährt, gibt's ein Donnerwetter. Außerdem ist Paul noch viel zu klein für so viel Blut, überlegt Gregor. Selbst wenn's nur Ketchup ist. Paul ist manchmal zwar ganz schön nervig, doch dass er nachts Albträume kriegt, will Gregor natürlich auch nicht.

Plötzlich hat er eine Idee. Kaum ist Mama weg, flitzt er in Pauls Zimmer. Der hat es sich gerade mit einem Comicheft auf seinem Bett gemütlich gemacht.

»Gleich kommt Leonid«, beginnt Gregor. »Wir gucken dann eine DVD zusammen und ...«

»Super!«, unterbricht ihn Paul jubelnd.

»Äh, nee, nicht so. Leonid und ich gucken alleine«, erwidert Gregor.

»Warum?«, fragt Paul.

»Na ja, für den Film bist du noch viel zu klein, weißt du«, sagt Gregor. Er reckt sich automatisch ein wenig in die Höhe. »Da fließt nämlich haufenweise Blut, weil Wikinger gegen Indianer kämpfen«, fügt Gregor hinzu. Das hätte er lieber nicht sagen sollen. Denn Paul ist ein so großer Indianer- und Wikingerfan, dass er fast schon alles verschlungen hat, was es dazu in der Kinderbücherei gibt.

»Was, Wikinger und Indianer?!«, ruft Paul und springt vom Bett auf.

Mist, Mist, Mist, denkt Gregor. »Ja, aber wie gesagt. Den darfst du noch nicht gucken. Der ist erst für viel Ältere!«

»Für so viel Ältere, dass Mama nichts davon wissen darf, stimmt's?«, sagt Paul. Er sieht seinen Bruder grinsend an.

Nun muss Gregor endgültig erkennen, dass sein Bruder zwar klein, aber deswegen noch lange nicht dumm ist.

»Ich schlag dir was vor«, sagt Gregor. »Du verrätst Mama nichts und lässt uns allein den Film gucken. Und zwar bis zum Ende. Dafür spielen wir mit dir demnächst eine halbe Stunde Fußball.«

»Eine Stunde Fußball«, antwortet Paul. »Und ich bekomme ein Monstermagazin!«

Gregor denkt fieberhaft nach. Warum muss ausgerechnet *er* so einen kleinen Bruder haben? Aber was soll's?

...Schwachsinn?

Schließlich wollen sie ja den Film sehen. Also stimmt er zu. Kurz darauf sitzen er und Leonid im Wohnzimmer und verfolgen gebannt, wie die Wikinger gegen die Indianer in den Kampf ziehen.

Natürlich ist Paul ganz schön neugierig. Und da es in der Vereinbarung mit Gregor ja nur ums Gucken ging, schleicht er sich an die geschlossene Wohnzimmertür, um zu lauschen. Aber außer Gebrüll, Indianergeheul und Wummermusik ist nichts zu hören. Das ist bald ganz schön langweilig. Paul will gerade wieder gehen, als es plötzlich mucksmäuschenstill wird. Jedenfalls kurz.

»O nein!«, hört er Gregor rufen.

»Verdammt!«, ärgert sich Leonid.

»Das Mistding hängt!«, schnaubt Gregor wütend.

Spätestens jetzt ist klar, dass etwas passiert sein muss. Etwas, das wohl nichts mit Wikingern und Indianern zu tun hat. Also reißt Paul die Tür auf und rennt ins Wohnzimmer. Gregor und Leonid schimpfen vor sich hin und starren auf das bewegungslose Fernsehbild. Auf dem greift gerade eine Horde wütender Indianer auf Pferden die Wikinger an, die voll komische Rüstungen tragen. Während Gregor und Leonid eifrig versuchen, die DVD wieder in Gang zu bekommen, guckt Paul nur fassungslos aufs Bild.

»Was guckt ihr denn für einen Schwachsinn?«, platzt es endlich aus ihm heraus.

»Wieso?«, fragt Gregor, der nun sämtliche Knöpfe der Fernbedienung und des DVD-Players gedrückt hat. Mit dem einzigen Erfolg, dass die Scheibe ausgespuckt wird.

»Na, als die Wikinger in Amerika waren, hatten die Indianer noch gar keine Pferde«, erwidert Paul. Das sagt er so, als ob es jeder wissen müsste.

»Nicht?«, fragt Leonid.

»Nee, die kamen doch erst viele Hundert Jahre später mit den Europäern rüber, nachdem Kolumbus in Amerika war. Und wer glaubt denn, dass Wikinger solche Ritterrüstungen trugen! Das ist doch so was von peinlich, oder?«

Verblüfft gucken Gregor und Leonid sich an.

»Der Film war sowieso nicht so der Bringer«, brummt Gregor schließlich.

»Voll öder Schinken«, stimmt Leonid zu.

»Na, dann können wir doch Fußball spielen«, schlägt Paul vor. Er zeigt nach draußen, wo gerade wieder die Sonne rauskommt.

Das halten auch Gregor und Leonid für eine gute Idee. Doch erst muss Gregor noch was klären.

»In Ordnung«, sagt er. »Aber ein Monsterheft gibt's nicht mehr. Wir haben den Film ja nicht zu Ende geguckt.«

Dagegen ist wohl nichts zu sagen, denkt Paul. Aber schade ist es irgendwie trotzdem. Denn das Heft hätte er zu gerne gehabt.

Regenwürmer lieben Regen

»Ich soll jetzt was?« Erschrocken guckt Paula ihre Mama an.

»Die Sachen von eurer Strandparty reinholen!«, antwortet Mama. »Wie versprochen. Vor allem die Musikanlage und mein Picknickgeschirr hätte ich gerne wieder, ehe es heute Nacht vielleicht regnet.«

Heute hat Paula mit einigen Freundinnen im Garten eine Strandparty veranstaltet. Natürlich keine echte Strandparty. Denn erstens wohnen sie leider Hunderte Kilometer vom nächsten Strand entfernt, und zweitens gibt es in ihrem Garten nicht einmal einen kleinen Tümpel, den man mit Fantasie wenigstens zur Nordsee umfunktionieren könnte. Dafür aber steht ein neuer aufblasbarer Pool auf dem Rasen. Der ist nicht nur ganz schön groß, sondern das Wasser darin sieht auch so herrlich blau aus wie

in der Südsee. Erst recht, nachdem Papa schubkarrenweise schönen gelben Sand davor verteilt hat.

Bei Musik, Wasserbomben-Luftballons und leckerem Picknick haben sich alle prächtig amüsiert. Alle, bis auf ihren blöden Bruder Sebastian. Der hat ihnen heimlich eklig-schleimige Nacktschnecken auf die Handtücher gelegt und ist dafür dann mit Klamotten im Pool gelandet.

Alles wäre also prima, hätte Paula am Ende nicht vergessen, die Sachen reinzuholen. Und jetzt ist es schon fast dunkel. Was genau das Problem ist. Denn bei dem Gedanken, gleich alleine in den großen dunklen Garten zu müssen, kriegt sie eine Gänsehaut.

»Muss ich wirklich?«, fragt Paula. Sie riskiert einen schnellen Blick auf die geschlossene Terrassentür, durch die das Wohnzimmerlicht in den Garten scheint. Allerdings nur ein paar Meter weit, bevor dahinter alles in trostloser Dunkelheit versinkt.

»Keine Bange!«, sagt Mama. »Ich schalte die Gartenbeleuchtung ein.« Sie drückt auf einen Schalter, und im nächsten Moment wird ein Großteil des Gartens wie von Zauberhand in helles Licht getaucht.

Erleichtert stellt Paula fest, dass der Pool, die Musikanlage und die Picknicksachen noch im Lichtschein liegen. Trotzdem holt sie sich lieber Papas Taschenlampe. Schließlich kann man nie wissen, was außerhalb des Lichts so alles auf der Lauer liegt.

Mit Taschenlampe und einer Plastikkiste bewaffnet, macht sich Paula an die Arbeit. Im Weltrekordtempo flitzt sie zunächst über den Rasen zum Pool, lässt die Kiste fallen und beginnt in Windeseile, alle Teller, Becher, Messer und Gabeln einzusammeln, die ihr unter die Finger kommen. Das ist in nicht einmal drei Minuten geschafft, auch wenn es Paula wie eine Stunde vorkommt. Jetzt noch die Musikanlage. Doch die steht auf einem Gartentisch, der zur Hälfte im Dunkeln liegt.

Vorsichtshalber beschließt Paula, das Ganze erst einmal mit der Taschenlampe auszuleuchten. Aber das ist leichter gesagt als getan. Denn auf einmal ist die Taschenlampe nicht mehr zu finden. Dabei hätte sie schwören können, dass sie sie eben erst in die Kiste gelegt hat, bevor sie …

»Mann, bin ich blöd«, murmelt Paula, als es ihr wieder einfällt. Sie hat das ganze Geschirr ja einfach auf die Taschenlampe gepfeffert. Der Gedanke, die Lampe unter dem schmutzig-schmierigen Geschirr hervorzukramen, ist nicht sehr verlockend. Daher nimmt Paula ihren ganzen Mut zusammen, saust zum Tischchen hinüber, reißt die Anlage samt Tischdecke an sich und rennt zurück.

Geschafft, denkt sie erleichtert, als sie die Anlage vorsichtig in die Kiste stellt.

Zufrieden nimmt Paula die Kiste hoch. Aber gerade als sie sich umdreht, erlischt das Licht im Garten. Starr vor Schreck bleibt Paula mit der Kiste in den Händen stehen. Tiefe, undurchdringliche Schwärze umhüllt sie. Einen Moment lang steht sie einfach nur da. Dann merkt Paula, dass die Dunkelheit gar nicht mehr so ganz dunkel ist. Denn langsam sind immer mehr Sachen zu erkennen. Der Pool, zum Beispiel, Büsche und

Bäume und der Zaun zum Nachbargrundstück. Ihre Augen gewöhnen sich langsam an die Dunkelheit.

Das macht Paula etwas Mut. Vorsichtig dreht sie sich um und will zum Haus zurückgehen. Doch nach zwei Schritten erstarrt sie erneut. Diesmal allerdings nicht vor Schreck, sondern vor Wut. Weiter vorne steht ihr Bruder im hell erleuchteten Wohnzimmer an der Terrassentür und grinst sie dämlich an.

Für Paula ist der Fall klar. Aus Rache für die Pool-Aktion hat Sebastian das Licht ausgeschaltet. Paula ist so wütend, dass sie ganz vergisst, sich zu fürchten. Na warte, denkt sie. Da raschelt es plötzlich im Gebüsch zum Nachbargrundstück. Nur wenige Meter von ihr entfernt! Erschrocken reißt Paula die Augen auf und versucht, etwas zu erkennen. Aber es ist nichts zu sehen. Dafür aber zu hören. Ein leises Plätschern setzt ein, so als würde Regen auf Erde prasseln.

Auf einmal blitzt ein Lichtkegel hinter dem Gebüsch auf. Kein Zweifel: Da treibt sich jemand mit einer Taschenlampe im Nachbargarten herum. Ein Einbrecher!, denkt Paula und lässt vor Schreck die Kiste fallen. Mit einem lauten Scheppern kracht sie auf den Boden.

»Wer ist da?«, hört sie gleich darauf eine Stimme.

Die Stimme kennt sie. Es ist ihr Nachbar, Herr Müller.

»Ich bin's«, ruft Paula erleichtert. Im nächsten Augenblick taucht Herr Müller auch schon hinter dem Gebüsch auf. Mit einer Taschenlampe in der einen und einer Gießkanne in der anderen Hand steht er am Gartenzaun und schaut zu ihr herüber.

»Mensch, hast du mich erschreckt«, sagt er. »Ich wollte gerade Regenwürmer sammeln.«

»Regenwürmer?«, fragt Paula verblüfft. »Im Dunkeln? Mit der Gieß-kanne?«

»Ja, die Regenwürmer brauche ich als Köder zum Angeln«, erklärt Herr Müller. »Und weil Regenwürmer keine Helligkeit mögen, sammelt man sie am besten nachts. Hier in meinem Komposthaufen gibt's ganz viele davon. Wenn ich den mit Wasser begieße, denken die Regenwürmer, es regnet, und kommen von selbst raus.«

»Ach so, logisch. Regenwürmer lieben ja Regen«, sagt Paula.

»Na ja, eigentlich kommen sie raus, weil sie Regen hassen«, erwidert Herr Müller. Er lacht. »Jedenfalls starken Regen. Dann können nämlich ihre unterirdischen Wohnröhren mit Wasser volllaufen, und sie ertrinken. Deshalb kommen sie an die Oberfläche. Aber sag mal, was machst du eigentlich so spät noch hier im Garten?«

Paula erzählt von ihrer Strandparty und dass ihr blöder Bruder das Gartenlicht ausgeschaltet hat. Netterweise bietet Herr Müller an, ihr mit der Taschenlampe den Weg zu leuchten. So macht sich Paula ohne Angst auf den Rückweg. Das mit dem Regen und den Regenwür-mern ist echt superinteressant, findet sie. Nicht nur, weil

 Regenwürmer eigentlich keinen Regen mögen, sondern weil der Gießkannentrick sie auf eine Idee gebracht hat.
Mal sehen, was Sebastian von Regenwürmern im Zahnputzbecher hält, denkt Paula und kehrt zufrieden grinsend ins Haus zurück …

Der Weltraum ist leer

»Feindlicher Kreuzer eröffnet Feuer, Kommandant!«, hört Ben eine komische Blechstimme.

Kommandant? Mensch, das bin ja ich!, denkt Ben. Er blickt auf einen kleinen Bildschirm vor sich. Dort kommt ein blinkender Punkt rasend schnell auf die orangefarbenen Umrisse eines Raumschiffes zu: *seines* Raumschiffes vermutlich.

»Einschlag Photonentorpedo in fünf Sekunden!«, hört Ben wieder die komische Stimme.

»Ausweichen«, will Ben schreien. Doch dafür ist es schon zu spät. Ein Treffer erschüttert das Schiff. Es wird so stark durchgerüttelt, dass Ben fast aus seinem Kommandantensessel fällt.

»Treffer an Backbordseite!«, meldet die Stimme.

»Irgendwelche Schäden?«, fragt Ben automatisch.

»Strukturbruch der Außenhülle auf Deck C«, antwortet die Stimme. »Beschädigte Sektionen abgeschottet. Lebenserhaltungssysteme stabil. Schutzschilde auf fünfzig Prozent. Kreuzer fliegt neue Angriffsparabel. Wie lauten Ihre Befehle, Sir?«

Ben überlegt fieberhaft, was das mit den fünfzig Prozent und dieser komischen Rababel nun genau bedeuten soll. Aber irgendwie hört sich das nicht gut an. Ganz und gar nicht gut.

»Ähm, verduften!«, probiert er sein Glück.

»Definieren Sie ›verduften‹!«, fordert ihn die Blechstimme auf. Da erst kapiert Ben, dass er wohl die ganze Zeit mit dem Bordcomputer geredet hat.

»Ähm, Ausweichmanöver und dann nichts wie weg«, erklärt Ben.

»Ausweichmanöver, aye, aye«, antwortet der Computer. »Aber Nichts-wie-weg ist nicht Bestandteil meiner Programmierung. Wollen Sie das Schiff dann lieber selbst steuern?«

»Äh, nein, danke«, erwidert Ben erschrocken. »Du machst das super!«

»Danke, Sir. Dürfte ich dann vorschlagen, die Waffensysteme klarzumachen.«

Ausgezeichnete Idee, denkt Ben und nickt eifrig.

»Laserkanonen feuerbereit«, meldet der Computer. »Feindlicher Kreuzer wieder auf Angriffskurs.«

Plötzlich leuchtet der große Außenschirm auf, der vor ihm in die Stahlwand der Brücke eingelassen ist. Staunend sieht Ben auf einmal den Weltraum vor sich. Mit seinen vielen funkelnden Sternen sieht er so wunderschön aus, dass es ihm die Sprache verschlägt. Ben nimmt eine Bewegung zwischen den Sternen wahr. Ein kleiner Punkt kommt auf ihn zu. Rasch wird er größer und größer, bis aus dem Punkt ein zigarrenförmiges Raumschiff geworden ist.

»Feuern, sobald in Reichweite«, befiehlt Ben. Er ist ganz stolz, dass ihm das so eingefallen ist.

»Aye, aye, Sir«, antwortet der Computer.

Wenige Sekunden später hallt ein dumpfes *Wum-Wum-Wum* durchs Schiff. Das müssen unsere Laserkanonen sein, denkt Ben.

Sekunden später treffen sie ins Ziel. Das Schiff explodiert in einem grellen Feuerball.

Ben freut sich, dass sie gewonnen haben. Aber dann fällt ihm was ein.

»Waren da Leute auf dem Schiff?«, fragt er erschrocken. »Können wir noch welche retten?«

»Keine Sorge, Sir«, antwortet der Computer. »Es war nur ein Roboterschiff. Niemand ist zu Schaden gekommen.«

Ben ist erleichtert. Alles ist noch einmal gut gegangen. Aber irgendwie ist ihm nun die Lust auf weitere Abenteuer vergangen. Er wünscht sich nichts so sehr, wie endlich wieder bei Mama und Papa zu sein. Ob sie ihn wohl auch schon so vermissen wie …

»Wie lauten Ihre nächsten Befehle, Sir?«, unterbricht da die Computerstimme seine Gedanken.

»Zurück nach Hause«, antwortet Ben.

»Bitte genaue Koordinaten!«, sagt der Computer.

Ben muss kurz überlegen, was das mit diesen verflixten Koordinaten nun wieder auf sich hat. Doch dann hat er eine Idee. »Erde, 44787 Bochum, Lindenweg 23 a«, ruft er.

»Aye, aye, Sir, Koordinaten eingegeben. Direkter Kurs liegt an. Übergang in den Hyperraum in sechzig Sekunden. Reisedauer vier Stunden.«

Eigentlich ganz schön lange, denkt Ben. Aber Hauptsache, er kommt wieder nach Hause.

Doch da hat er sich leider zu früh gefreut. Plötzlich geben die Schiffstriebwerke ein schrilles Heulen von sich. Dann ist alles still.

»Was war das?«, fragt Ben erschrocken.

»Schaden im Hyperantrieb«, meldet der Computer. »Wahrscheinlich durch den Torpedotreffer von vorhin. Wir können nur mit Normalantrieb fliegen. Bei einer aktuellen Entfernung von einer Milliarde Lichtjahren zum Lindenweg 23 a in 44787 Bochum erhöht sich unsere Reisezeit somit auf eineinhalb Milliarden Jahre.«

»W…w…wie lange?«, stottert Ben.

»Eineinhalb Milliarden Jahre. Tja, nichts zu machen. Und leider liegt auch nichts auf dem Weg. Keine Reparaturwerkstatt, kein gar nichts. Sieht man einmal von der absoluten Leere des Weltalls ab. Dem absoluten

Nichts. Ich nehme Kontakt mit Ihrem Papa auf, Sir, damit Sie sagen können, dass wir später kommen.«

Das muss alles ein Traum sein!, denkt Ben. Er will sich schon in den Arm kneifen, damit er endlich aufwacht, als plötzlich Papa vor ihm auf dem Schirm auftaucht.

»Papa, Papa!«, ruft Ben. »Tut mir leid, dass ich nun später komme.«

»Tust du doch gar nicht«, meint Papa dann und nimmt ihn plötzlich in die Arme. »Du bist doch schon wieder bei mir!«

Wie kann einen denn ein Bildschirmbild in den Arm nehmen?, wundert sich Ben. Da erst merkt er, dass die Raumschiffbrücke und der Bildschirm verschwunden sind. Er ist zu Hause in seinem Bett. Neben ihm auf der Bettkante sitzt Papa und hält ihn ganz fest an sich gedrückt. Haarklein erzählt Ben ihm, was er alles auf dem Raumschiff erlebt hat.

»Du hast alles nur geträumt!«, tröstet ihn Papa.

»Echt?«, fragt Ben vorsichtshalber.

»Echt!«, versichert Papa. »Solche Raumschiffe gibt es doch gar nicht. Und die Explosion, die du gehört hast, kann es auch nicht gegeben haben. Denn im Weltraum gibt es keine Luft. Und ohne die kann sich kein Schall ausbreiten. Vor allem aber hat sich dein komischer Traumbordcomputer ganz schön geirrt, was den absolut leeren Weltraum anbelangt.«

»Wieso?«, fragt Ben.

»Na, weil das einfach nicht stimmt. Zwar denken das die meisten Leute, aber in Wirklichkeit sind die gigantischen Lücken zwischen den Sternen mit jeder Menge Gas und Staub gefüllt. Und selbst an den allerleersten Stellen im Weltraum schweben noch jede Menge Atome herum. Und wie du weißt, kenn ich mich da aus.«

Stimmt, denkt Ben. Papa ist schließlich ein absoluter Weltraumfan, und es gibt fast nichts Schöneres für ihn, als nachts mit seinem großen Fernrohr den Sternenhimmel zu beobachten.

Wenig später ist Ben wieder eingeschlafen. Glücklich, zu Hause zu sein und nicht Milliarden Lichtjahre von Mama und Papa entfernt.

»Schlaf gut, Kommandant«, flüstert Papa leise und macht das Licht aus.

Bienen können nur ein Mal stechen

»Was, da lang? Durch die Pampa? Mit meinem neuen Rennrad? Keine Chance!«, sagt Per. Energisch schüttelt er den Kopf.

Per ist mit seinem Freund Robin eigentlich auf dem Weg ins Freibad. Doch jetzt stehen sie mit ihren Rädern neben dem Radweg auf dem Bürgersteig und können sich nicht einigen, welchen Weg sie nehmen: geradeaus und dann in weitem Bogen auf dem Radweg immer an der Straße entlang oder rechts in den schmalen Sandweg abbiegen? Der schlängelt sich zunächst hügelauf und hügelab durch Wiesen und Felder und führt dann am Stadtwald entlang zum Freibad. Das ist Robins Lieblingsweg, vor allem, weil man da herrlich mit dem Mountainbike langbrettern kann. Nur zu dumm, dass Per das mit seinem empfindlichen Rennrad ganz anders sieht.

Der Verlierer gibt ein Eis aus!

Doch Robin hat noch ein Ass im Ärmel: »Aber das ist viel kürzer. Selbst wenn wir vorsichtig fahren, sind wir schneller da.«

»Pah«, schnaubt Per und winkt ab. »Mit meinem neuen Rad bin ich auch so in null Komma nix da!«

Allmählich geht ihm Per mit seinem neuen Rad ganz schön auf die Nerven. »Jede Wette, dass ich auf dem Sandweg schneller am Freibad bin als du mit deinem Protzflitzer auf dem Radweg!«, platzt es aus Robin heraus.

Jetzt wird auch Per stinkig. »Dann lass uns doch ein Wettrennen machen!«, schlägt er vor.

»Okay«, meint Robin. »Um was wetten wir?«

»Der Verlierer gibt ein Eis aus!«

»Abgemacht!«

Feierlich geben sich Robin und Per die Hände.

Wie auf Kommando stürzen sie sich auf die Räder. Ohne sich noch einmal zu Per umzublicken, tritt Robin in die Pedale und saust den Sandweg hinunter. Blitzschnell schießt er auf die erste Biegung zu. Fast ohne zu bremsen und mit einem Fuß auf dem Boden schlitternd, legt er sich so in die Kurve, dass vom Hinterrad aus ein Steinchenregen ins Gebüsch prasselt. So geht es durch Kurven, Senken, Steigungen und immer weiter, bis das Ziel nicht mehr weit ist.

Per kann einpacken, denkt Robin. Mit breitem Grinsen rast er auf die letzte Hügelkuppe zu, wobei er eine tolle Staubfahne hinter sich herzieht.

Jetzt nur noch eine lange Rechtsbiegung unten an der Wiese, dann kurz weiter am Waldrand auf dem breiten Feldweg, und er ist da.

Siegesgewiss flitzt Robin auf die Kuppe zu. Die ist die allercoolste Stelle. Denn wenn man schnell genug ist, wirkt die Kuppe wie eine Sprungschanze, und man fliegt meterweit mit dem Rad durch die Luft. Und heute ist Robin superschnell!

Im nächsten Augenblick hat er die Kuppe erreicht und hebt ab. Doch das laute »Jippiee!« bleibt ihm im Hals stecken. Denn sofort wird ihm klar, dass er diesmal ein Problem hat. Ein Riesenproblem. Er ist viel zu schnell. So schnell, dass er weit über den Sandweg, der gleich vor ihm eine Rechtsbiegung macht, hinausschießen wird. Auf der Wiese dahinter stehen komische Holzkästen auf Stelzen, und daneben parkt ein riesiger Geländewagen.

Dann landet Robins Rad hart auf dem Boden. Mit aller Kraft drückt er auf die Bremshebel. Doch die Kästen und der Wagen kommen rasend schnell näher. Verzweifelt versucht er, nach rechts zu lenken. Dadurch gerät er ins Kippen und stürzt. Das Rad schlittert weiter und kracht mit einem lauten Rums gegen einen der Kästen.

Robin ist so erschrocken, dass er erst einmal im Gras liegen bleibt und in den blauen Himmel blinzelt. Vorsichtig bewegt er Arme und Beine. Da scheint alles in Ordnung zu sein. Als er sich aufsetzt, hört er auf einmal ein lautes Summen. Hat sein Kopf etwa trotz Helm was abgekriegt? Doch dann sieht er, dass das Brummen von den vielen Fliegen kommt, die um ihn herumschwirren. Halt, nein. Das sind ja gar keine Fliegen, sondern Bienen!

Wild fuchtelt Robin mit den Händen, um die Bienen zu verscheuchen. So wild, dass ihn eine Biene in die Hand sticht. Erschrocken springt Robin auf, dreht sich um und rennt direkt in einen Astronauten hinein. Jedenfalls sieht der Mann mit seinem weißen Anzug und der Netzkopfhaube fast wie ein Astronaut aus. Nur dass Astronauten normalerweise wohl nicht mit einem komischen Pfeifengerät stinkenden Rauch in die Luft pusten.

»Keine Angst«, sagt der Astronaut. »Durch den Rauch verziehen sich die Bienen.«

Erleichtert stellt Robin fest, dass der Mann recht hat.

»Komm mal mit«, sagt der jetzt und zeigt zum Wagen. »Wir müssen deinen Stich verarzten!«

Dort angekommen, nimmt der Mann die Haube ab. Er hat ein freundliches Gesicht, das Robin ein wenig an Opa erinnert. »Ist dir sonst nichts passiert?«, fragt er besorgt.

Robin schüttelt den Kopf.

»Zuerst muss der Stachel raus«, erklärt der Mann freundlich. »Keine Angst, ich bin ganz vorsichtig!« Mit diesen Worten nimmt er Robins Hand und schiebt mit dem Fingernagel ganz ruhig einen winzigen schwarzen Stängel aus Robins Haut. Anschließend besprüht er die Stelle mit eiskaltem Spray und klebt ein Pflaster darauf. Der Stich tut immer noch weh, aber es ist nicht mehr ganz so schlimm.

»Das waren Bienen?«, fragt Robin.

»Ja«, erwidert der Mann. »Ach, ich bin übrigens Hubert. Und du?«

»Ich heiße Robin. Was machst du eigentlich hier?«

»Ich bin Imker und stelle hier gerade meine Bienenvölker auf. Weißt du, was Imker machen?«, fragt Hubert ihn.

Robin nickt. Das weiß er aus dem Kindergarten. Imker machen Honig. Und zwar mithilfe ihrer Bienen, die … Plötzlich muss er an die Biene denken, die ihn gestochen hat.

»Eigentlich war es nicht schlau von der Biene, mich zu stechen, oder?«, fragt er.

Hubert guckt ihn verdutzt an. »Wieso das denn?«

»Na, Bienen müssen doch sterben, wenn sie jemanden gestochen haben«, erklärt Robin.

»Ach, so meinst du das«, erwidert Hubert. »Bienen sind eigentlich sehr friedlich. Sie wehren sich nur, wenn sie denken, dass ihr Volk in Gefahr ist. Dann stechen sie zu, obwohl sie dabei sterben können. Aber sie sterben nicht immer.«

»Was?«, fragt Robin erstaunt. »Das hat Frau Schmidt in der Kita doch so erklärt.«

»Das ist auch teilweise richtig«, meint Hubert. »Der Bienenstachel ist mit einem Widerhaken versehen. Der lässt sich aus einer weichen, elastischen Haut, wie wir Menschen sie haben, tatsächlich nicht mehr lösen. Und wenn die Biene flüchtet, wird ihr ganzer Stechapparat rausgerissen, und sie stirbt. Aber wenn sie gegen andere Insekten kämpft und zusticht, sieht es anders aus. Denn aus der Körperhülle vieler Insekten kann sie ihren Stachel heil wieder rausziehen.«

Robin freut sich jetzt schon auf das Gesicht von Frau Schmidt, wenn er ihr das erzählt. Aber dann fällt ihm ein, dass er dringend weitermuss. Zum Glück ist sein Fahrrad wie durch ein Wunder heil geblieben.

Wenig später kommt er zwar nach Per im Freibad an, aber das ist Robin jetzt ziemlich egal. Aufgeregt erzählt er Per haarklein, was er mit den Bienen alles erlebt hat. Und das findet auch Per ziemlich cool. So cool, dass er fast schon ein wenig neidisch ist.

Ende

Noch mehr Wissen für kleine Entdecker

Redensarten sind manchmal ganz schön ulkig. Aber warum staunen wir eigentlich Bauklötze? Und wieso haben wir nicht mehr alle Tassen im Schrank? Diese Vorlesegeschichten gehen den Sachen auf den Grund.

Christian Dreller
Warum haben wir Tomaten auf den Augen?
Einband und Illustrationen von Katrin Oertel
Ab 4 Jahren · 128 Seiten · ISBN 978-3-7707-2374-4

Kaum zu glauben: Aus kleinen grünen Bällchen werden Tomaten. Es gibt eine Wunderpille namens Erbse. Und selbstgemachte Nudeln können wie Schnürsenkel aussehen. Hier wird Ernährung zum Riesenspaß.

Susanne Orosz
Warum wächst Schokolade nicht auf Bäumen?
Einband und Illustrationen von Yayo Kawamura
Ab 4 Jahren · 128 Seiten · ISBN 978-3-7707-3422-1

Weitere Informationen unter **www.ellermann.de**

Für alle, die's genau wissen wollen

 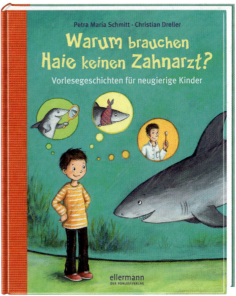

Kinder haben viele Fragen. Und ihre Eltern? Die wissen nicht immer eine Antwort. Denn wer kann schon sagen, warum der Specht beim Klopfen kein Kopfweh bekommt?

Christian Dreller / Petra Maria Schmitt
Warum ist die Banane krumm?
Einband und Illustrationen von Heike Vogel
Ab 5 Jahren · 128 Seiten · ISBN 978-3-7707-4014-7

Worüber unterhalten sich Pflanzen? Und ist das Faultier wirklich faul? Diese und weitere spannende Kinderfragen lassen sich am schönsten in einer richtigen Geschichte beantworten.

Christian Dreller / Petra Maria Schmitt
Warum brauchen Haie keinen Zahnarzt?
Einband und Illustrationen von Heike Vogel
Ab 5 Jahren · 128 Seiten · ISBN 978-3-7707-4017-8

Weitere Informationen unter **www.ellermann.de**

Auf **www.ellermann.de/vorlesen** finden Sie weitere tolle Bücher, Tipps und Ideen. Wir wünschen Ihnen viel Spaß beim Surfen und Vorlesen.